COMUNICAÇÃO EMPRESARIAL

SEM COMPLICAÇÃO

COMUNICAÇÃO EMPRESARIAL

SEM COMPLICAÇÃO

Como facilitar a comunicação na empresa,
pela via da cultura e do diálogo

3ª edição
revisada e ampliada

GUSTAVO GOMES DE MATOS

Manole

Copyright © Editora Manole Ltda., 2014, por meio de contrato com o autor.

Editor gestor   Walter Luiz Coutinho
Editoras   Eliane Usui, Juliana Waku
Produção editorial   Juliana Waku

Capa e ilustração: Rubens Lima
Projeto gráfico e editoração eletrônica: Departamento Editorial da Editora Manole

Dados Internacionais de Catalogação na Publicação (CIP)
(Câmara Brasileira do Livro, SP, Brasil)

Matos, Gustavo Gomes de
   Comunicação empresarial sem complicação: como facilitar a comunicação na empresa, pela via da cultura e do diálogo / Gustavo Gomes de Matos. – 3. ed. rev. e ampl.–
Barueri, SP : Manole, 2014.

   Bibliografia
   ISBN 978-85-204-3996-8

   1. Administração de empresas 2. Comunicação na administração 3. Ética nos negócios 4. Etiqueta nos negócios I. Título.

14-04129   CDD-658.45

Índices para catálogo sistemático:
1. Comunicação empresarial : Administração 658.45

Todos os direitos reservados.
Nenhuma parte deste livro poderá ser reproduzida, por qualquer processo, sem a permissão expressa dos editores. É proibida a reprodução por xerox.
A Editora Manole é filiada à ABDR – Associação Brasileira de Direitos Reprográficos.

2ª edição – 2009
3ª edição – 2014

Editora Manole Ltda.
Av. Ceci, 672 – Tamboré
06460-120 – Barueri – SP – Brasil
Tel.: (11) 4196-6000 – Fax: (11) 4196-6021
www.manole.com.br
info@manole.com.br

Impresso no Brasil
Printed in Brazil

*À Ana Clara, fortaleza que nos ilumina
com o poder da luz que não se apaga.*

*À minha filha Maria Fernanda, interlocutora
de todas as horas, sempre pronta para dialogar,
compartilhando impressões e percepções.*

SOBRE O AUTOR

Jornalista, pós-graduado em Administração de Recursos Humanos e especialização em Economia e Ouvidoria. Consultor de Comunicação Empresarial, com mais de 20 anos de atuação em grandes organizações do setor privado. Professor universitário e conferencista de Comunicação Corporativa. É autor dos livros *Comunicação sem complicação* e *A cultura do diálogo*. É redator e editor de conteúdo de obras institucionais, tais como: Décadas vitoriosas – a história dos 60 anos do SENAI; PUC Rio 60 ANOS – uma história de solidez e Visão de um empreendedor – na realização empresarial, uma razão de vida.

O mais importante
na comunicação é
SABER OUVIR,
para poder compreender e interpretar
com exatidão o conteúdo
da mensagem transmitida
e a intenção do seu emissor,
favorecendo, assim, o
RETORNO DA INFORMAÇÃO,
que marca o início do
DIÁLOGO,
que, por sua vez, pode garantir
a qualidade do
RELACIONAMENTO HUMANO.
Muitos desentendimentos, brigas, rupturas,
guerras e conflitos sociais poderiam ser evitados
e solucionados pelo simples entendimento
dessa questão de
BOM SENSO.

*"Mas a vida, a vida, a vida,
a vida só é possível
reinventada."*
Cecília Meireles

SUMÁRIO

Prefácio (por Idalberto Chiavenato) xv
Apresentação – 1ª edição.. xix
Apresentação – 2ª edição.. xxi
Apresentação – 3ª edição... xxiii

INTRODUÇÃO – VAMOS CONVERSAR 1
Erro de comunicação: a origem dos conflitos.................................... 1
Categorias de comunicação 2
A base das relações humanas e sociais... 4
Falta comunicação na Era da Informação.. 8
A comunicação na hipermodernidade... 9
Ética e responsabilidade social.. 15
A ética é o caminho da comunicação... 19

1 – O PROCESSO DA COMUNICAÇÃO... 23
Comunicação e informação... 24
Elementos da comunicação... 27
Buscando o fato da mensagem.. 29
Emissor + mensagem + receptor + *feedback* = comunicação.......... 30
A convivência das diferenças 32
A intenção na comunicação 38
Feedback: sem retorno não há comunicação 40
Eficácia na comunicação... 46
A comunicação como processo... 48
Reaprendendo a se relacionar 50
Exercícios.. 52

2 – OUVIR PARA SE COMUNICAR MELHOR 57
Ouvidoria: canal aberto de comunicação 59
Direito à comunicação 60
A arte de saber ouvir...62
Vamos ouvir melhor 65
Conceitos incorretos que favorecem erros na comunicação 69
Caminho das pedras na comunicação.................................74
Frases que emperram a comunicação e devem ser evitadas 74
Atitudes que emperram a comunicação e devem ser evitadas 75
Bases para a boa comunicação na empresa e na vida 76
Comunicação não verbal: o silêncio também fala 82
Regra de ouro na comunicação 86
Exercícios...86

3 – COMUNICAÇÃO EMPRESARIAL: INSTRUMENTO ESTRATÉGICO DE GESTÃO......................89
Democratização da informação..90
Imagem institucional 92
Comunicação de fato para integrar pessoas e equipes.................93
Sua excelência, o cliente 100
O cliente e o seu direito à informação 101
Comunicação na empresa 110
Fluxos de comunicação na empresa 113
Comunicação e transparência...115
Função estratégica de resultados 118
Comunicar é obrigação de todos 120
Exercícios...121

4 – A FUNÇÃO ESTRATÉGICA DA COMUNICAÇÃO INTERNA ..125
Acesso à informação 126
Endomarketing...127
Ações integradas 128
Comunicação é a alma do negócio...................................129

Administração e comunicação 131
Comunicação é a melhor estratégia 132
Exemplos expressivos 134
Mudanças com eficiência 137
Humanizando o trabalho 138
Fator de motivação 140
Diálogo nas organizações 141
Muito além da comunicação interna 144
Parada para reflexão: "eu estou em mim" 146
Exercícios 147

5 – PESQUISA DE VALORES E COMPORTAMENTO 151
O termômetro do clima organizacional 151
Formas de realização de pesquisa 153
Composição dos questionários 155
Modelo de pesquisa de cultura e clima organizacional 156
Exercícios 169

6 – POLÍTICA DE COMUNICAÇÃO: UMA QUESTÃO DE ORDEM 171
Comunicação bem definida 171
Procedimentos na comunicação 176
Dimensão estratégica 179
Exercícios 181

7 – MODELO ESTRATÉGICO DE COMUNICAÇÃO SEM COMPLICAÇÃO 183
Fundamentação básica 184
Fase diagnóstica 184
Fase estratégica 185
Fase operacional 185
Comunicação sem complicação 186

8 – PENSAR PARA DESCOMPLICAR E AGIR 187

Bibliografia 199
Índice remissivo..205

PREFÁCIO

Desde a longínqua idade da caverna – quando nossos ancestrais juntavam-se como podiam para se defender das agruras de um meio ambiente inóspito e das ameaças dos predadores de plantão – até os nossos tempos atuais, a comunicação sempre constituiu o mais importante meio de integração ou de dissensão; de colaboração ou de conflito; de cooperação ou de competição. Quase sempre a comunicação mais juntou do que separou, a ponto de se tornar a habilidade humana que ajudou a superar a condição animal e a tornar o ser humano um ente social que se distanciou intelectualmente dos demais seres vivos do planeta. Passados tantos séculos, vemos que os mecanismos básicos de comunicação – sons, gestos, expressões e atitudes – ainda são os mesmos e o aparato humano básico também se mantém: o cérebro, o sistema nervoso, a fala, a audição, a visão etc.

Em que será que o ser humano mudou em toda a sua longa trajetória? Será que a história da humanidade trouxe realmente uma melhoria no velho e usado processo comunicativo? O ser humano é tão forte em algumas coisas e ao mesmo tempo tão frágil em outras. A comunicação sempre oscilou entre seus pontos fortes e fracos: subjetividade, diferenças individuais e culturais, prejuízos e preconceitos, efeitos de *hallo*, superficialidade, dificuldade de compreender a outra parte, são ingredientes que trazem forte ruído e entropia no processo, reduzindo drasticamente sua eficiência e eficácia.

Apesar de todas as sofisticações proporcionadas pela arte (a comunicação através da música, da pintura, da escultura, da literatura, da poesia), pela mídia (jornalismo, rádio e TV, entretenimento), pelo magistério (a transmissão da cultura e do conhecimento) ou pela política (a incessante busca de poder, apoio e consenso) parece que ainda estamos engatinhando no processo comunicativo apesar de toda a profunda e inegável influência da comunicação na vida pessoal, social e organizacional e do fato de que ela constitui um aspecto central em muitas atividades humanas e organizacionais.

A comunicação representa um aspecto extremamente amplo tanto na vida das pessoas como na das organizações. Estima-se hoje que a comunicação cobre mais de três quartos da vida ativa de cada ser humano. Os gerentes e administradores usam-na em maiores proporções em seu tempo de trabalho nas organizações. O processo de intercambiar e processar informação significa uma atividade constante e ininterrupta seja na vida individual, social ou organizacional.

A comunicação, no entanto, é muito mais do que isso. Ela é o cerne de toda atividade viva. Mesmo os sistemas físicos requerem comunicação entre suas partes integrantes para poderem funcionar bem e alcançar seu estado sólido. É a comunicação que proporciona o holismo e a sinergia dos sistemas vivos. É ela que permite a autopoiesis e a auto-organização inteligente. Sem comunicação – no sentido da física quântica – não se poderia falar em caos e complexidade.

De um ponto de vista macroscópico, as organizações são, hoje, entendidas como organismos – entidades vivas que são estreitamente dependentes do comportamento sinérgico de suas partes. Elas existem menos em ação do que em interação. Como organismos, suas cadeias de associações consistem de pequenos e aparentemente desconectados sistemas que se ajustam juntos para compor partes de uma rede viva e integrada, utilizando complexos mecanismos de retroação para coordenar e viabilizar a colaboração interna.

As organizações – como sistemas vivos – existem porque cada parte comunica-se livremente com todas as outras e porque encorajam suas interações para serem dinâmicas, locais e com isso evoluem continuamente ao invés de serem estáticas, estáveis e permanentes. Toda a energia organizacional é transmitida através de relações, processos e comunicações como meio de enfatizar objetivos comuns, estratégias, promessas, compromissos e interações.

Mas, afinal, o que vem a ser a comunicação? Muitas definições utilizadas na literatura administrativa enfatizam o uso de símbolos e imagens para transferir o significado da informação. Para muitos autores, a comunicação representa a compreensão não apenas do visível e supérfluo, mas do invisível e profundo. Os elementos profundos e simbólicos envolvidos na cultura é que dão o significado para o processo visível de comunicação. Para outros autores, a comunicação é um processo pessoal que envolve o intercâmbio de comportamentos. Para outros, a comunicação não depende da tecnologia, mas fundamentalmente das forças nas pessoas e nas situações. Ela é um processo que ocorre dentro das pessoas em diferentes ocasiões. Essa perspectiva pessoal na comunicação alega que as pessoas tendem a assumir conhecimento que as outras pessoas têm e comunicam-se nessa mesma base. A aprendizagem depende disso. Entretanto, a comunicação pode ter outras implicações.

Alguns autores enfatizam que o significado mais importante que as pessoas compartilham com outras é transmitido pelo comportamento. O intercâmbio de comunicação entre as pessoas proporciona a maneira pela qual elas se influenciam reciprocamente. Em outras palavras, os comportamentos são vitais para o processo de comunicação e o intercâmbio pessoal e comportamental da comunicação assume muitas formas, desde a comunicação não-verbal, passando pela comunicação interpessoal até a comunicação massiva através da mídia e da tecnologia. A retroação (*feedback*) é sempre fundamental, pois torna a comunicação um processo de duas vias que se realimenta natural e espontaneamente.

Além disso, comunicação tem a ver com as influências externas que recebemos – como sensação, percepção. Tem a ver com os processos internos – como interpretação, compreensão, significado, atribuição, atenção. E tem a ver com as influências externas que provocamos em nossos semelhantes – como influenciação, liderança, motivação, sugestão, emulação. Mas, acima de tudo, a comunicação tem a ver com relacionamento, interação, conectividade, convivência, coesão, compartilhamento, cooperação, comprometimento, aprendizado, mudança, inovação e, também, com ética, transparência e responsabilidade.

Comunicação é sinergia assim como também pode ser entropia. Pode ser positiva, como também ser negativa. Pode retratar amizade e aproximação, como pode retratar antipatia e rejeição. Entendimento e desentendimento. Paz e guerra. Bem ou mal. Comunicação é tudo o que leva a transmitir, receber, processar ou compartilhar significados que redundam em crescimento e desenvolvimento, ou em barreiras, filtros e fronteiras que inibem tal crescimento e desenvolvimento. Afinal, comunicação é o problema ou é a solução?

A comunicação depende de pessoas. Por esta razão ela é fortemente subjetiva como também pode ser extremamente rica e profunda. No fundo, comunicação é algo complicado, pois tem a ver com nossos processos mentais e intelectuais, com diferenças individuais, sociais e culturais. Além disso, tem a ver com diferentes situações e contextos em que ela ocorre, estando sempre envolta em variabilidade. Daí seu enorme desafio: como buscar a constância em um contexto tão diverso como uma torre de Babel? Seria o mesmo que tentar reduzir o caos do caos.

Por todas estas razões, o livro de Gustavo Gomes de Matos é extremamente bem-vindo. Sua leitura leve, instigante e interativa permite clarear um pouco a nebulosa concepção que em nossos íntimos temos sobre a comunicação – nos seus diversos estratos individuais, sociais e organizacionais. O autor oferece sugestões para descomplicar uma complicada área do conhecimento humano que tanto pode alavancar e incentivar como pode restringir e limitar a convivência humana dentro e fora das organizações.

Assim, tenho pela frente uma agradável tarefa a cumprir e que muito me gratifica ao prefaciar a obra de um jovem escritor que vem despontando como uma nova estrela na área da comunicação. A mensagem contida neste livro é clara e evidente: pode-se extrair muito mais da comunicação interpessoal ou organizacional do que se supõe. Basta descomplicá-la.

Idalberto Chiavenato

APRESENTAÇÃO – 1ª EDIÇÃO

"Quem não compreende um olhar tampouco compreenderá uma longa explicação."
Mário Quintana

A palavra falada é o método mais usual de comunicação entre as pessoas. Temos a tendência de considerar que a comunicação oral é o meio mais eficiente de transmitir informações. Entretanto, isso depende muito da capacidade de eloquência do emissor em expressar a sua intenção de modo eficiente e do receptor em saber ouvir, interpretar e compreender de forma precisa a mensagem recebida.

Em média, o impacto de uma mensagem sobre o ouvinte é garantido em apenas 7% pelas palavras (o que a pessoa diz); 38% pelo tom de voz e inflexão (a maneira como fala); e 55% pelo corpo, olhos, mãos, braços, pernas, dedos, ou seja, pelas expressões, atitudes e gestos.

No processo de comunicação, entre o emissor e o receptor interpõem-se o meio pelo qual a mensagem é transmitida. As opções são muito variadas e possibilitam as mais diversas formas de expressão. Seja utilizando palavras escritas, faladas ou cantadas; pela linguagem corporal, por meio da dança, gestos, posturas e expressões faciais; pela pintura, desenho ou fotografia; ou mesmo pelo silêncio, que muitas vezes pode ser mais contundente do que todo um discurso de excelente retórica.

As possibilidades são abertas à capacidade de criação humana. Cabe ao emissor, utilizando sua criatividade e habilidade de expressão, escolher qual será a melhor forma de transmitir a sua mensagem.

Ao optar pelo jornalismo, deparei–me com uma regra básica da profissão: ser claro, objetivo e conciso nas palavras, para buscar, ao máximo, a fidelidade aos fatos relatados e às informações apuradas.

Minha atuação de quase duas décadas na área da Comunicação Empresarial, voltada para grandes organizações do setor privado, favoreceu a assimilação de muitas práticas e conhecimentos, que agora tento transferir para o livro. Procurei também agregar a esse trabalho minha experiência como professor universitário, nas disciplinas de História da Comunicação, Ética e Legislação no Jornalismo, Política da Comunicação, Teoria da Comunicação e Introdução ao Jornalismo.

Neste livro, procuro mostrar que a comunicação pode ser uma coisa bem mais fluida e menos complicada do que fazemos. Seja para o estudante ou o empresário de micros, pequenas, médias e grandes empresas, a teoria da comunicação é a mesma, o que muda são os meios e as formas mais adequadas de se comunicar.

Para micros e pequenas empresas, o simples conhecimento do processo humano de comunicação já ajudará em muito a melhoria da produtividade no trabalho e dos resultados nos negócios. Nesse caso, simples iniciativas, como a organização de um mural de informações e a consolidação de um ambiente de abertura para o diálogo, valerão como verdadeiros Programas de Comunicação Empresarial.

Para as médias e grandes empresas são apresentados instrumentos nas áreas de comunicação interna e externa, que favorecem a dinâmica de comunicação com clientes, funcionários, fornecedores, acionistas, governos, sindicatos e concorrentes.

Para estudantes e interessados no tema comunicação, a abordagem do livro procura ser bem clara, direta e informativa, favorecendo o debate e a reflexão sobre o tema.

Conforme a grande poetisa goiana Cora Coralina, "feliz aquele que transfere o que sabe e aprende o que ensina". Espero que com esse livro eu tenha chegado perto da magnitude desse lindo verso. Pelo menos, ao falar sobre o projeto do livro, algumas pessoas comentaram que os meus olhos brilhavam. E está provado cientificamente que, quando estamos gostando do que está acontecendo, a nossa pupila dilata-se e reluz involuntária e inconscientemente.

Espero que o livro possa ser útil para contribuir com a melhoria dos processos de comunicação nos relacionamentos humanos e empresariais.

Gustavo Gomes de Matos

APRESENTAÇÃO – 2ª EDIÇÃO

> *"Na educação não existe estrada asfaltada.*
> *O caminho se faz caminhando."*
> Paulo Freire

Ao trabalhar na revisão e ampliação da 2ª edição desta obra buscamos explicitar melhor alguns conceitos que dão fundamentação à proposta básica do livro: simplificar a prática da comunicação nas empresas.

Com essa intenção criamos o Capítulo 7, no qual apresentamos os princípios elementares para a implantação de um Modelo Estratégico de Comunicação Sem Complicação, indicando, de forma clara e objetiva, os passos essenciais para se viabilizar melhorias substanciais nos processos de comunicação e de relacionamento profissional e humano nas organizações.

Partimos do pressuposto da comunicação enquanto expressão da cultura da empresa, ou seja, algo a ser aperfeiçoado pela via da educação e do exercício incansável do diálogo. Muito mais do que instrumental, a comunicação é humana e, por isso mesmo, a melhoria da sua qualidade passa, essencialmente, pelo refinamento do relacionamento humano, dentro e fora das paredes da empresa.

Sintonizados com o princípio filosófico da educação construtivista, fundamentada pelo compartilhamento do conhecimento, buscamos apresentar os mecanismos para a elaboração de uma estratégia unificada de comunicação corporativa e de desenvolvimento da Cultura do Diálogo nos diversos níveis funcionais de uma empresa – metodologia já implantada e aprovada, com sucesso, em nossas consultorias para grandes organizações.

> *"As palavras movem, os exemplos arrastam."*
> Padre Antonio Vieira

Devo minha atuação bem-sucedida nas áreas de Gestão e Comunicação Corporativa aos ensinamentos e exemplos de meu pai, Francisco Gomes de Matos, que incentiva e orienta minha trajetória profissional pelo caminho da ética, da fé em Deus e do trabalho incansável. A coerência dos seus conhecimentos e filosofia de vida são expressados, diariamente, pela sua atitude efetiva de Renovação Contínua perante os desafios da vida.

À minha mãe, Maria Lucia Guimarães Gomes de Matos, registro minha infinita gratidão pelo amoroso compartilhamento de experiências acadêmicas e informações nas áreas de jornalismo e pesquisa.

Ao mestre Idalberto Chiavenato destaco meu profundo agradecimento pela sua chancela no brilhante prefácio, que agregou ao livro o prestígio do maior expoente da teoria da administração no Brasil.

É importante frisar também as ricas fontes bibliográficas e o trabalho precursor de alguns dos mais importantes mestres da comunicação empresarial brasileira, como Francisco Gaudêncio Torquato Rego, Juarez Bahia, Boanerges Lopes e Paulo Nassar.

Avante!

Gustavo Gomes de Matos

APRESENTAÇÃO – 3ª EDIÇÃO

*"Fácil é ser complexo.
Ser simples dá muito trabalho,
mas é a maneira segura
de ser competente e feliz."*
Francisco Gomes de Matos

Foi com grande alegria que recebi o pedido da Editora Manole para trabalhar na atualização da 3ª edição deste livro, sinal de que o tema e o seu conteúdo continuam gerando demandas e interesse.

Procurei agregar valor à obra com a inserção de trechos que favorecem o pragmatismo e a aplicabilidade dos conceitos de comunicação sem complicação e cultura do diálogo. Seguindo essa linha, a criação do Capítulo 8 tem o objetivo de incentivar o exercício da reflexão, por meio de frases e períodos concisos, que estimulam a busca da comunicação descomplicada.

Meu trabalho na área da comunicação empresarial se desenvolveu como metodologia graças à oportunidade de trabalhos realizados para grandes empresas e organizações, cujos dirigentes e gestores perceberam a função estratégica da comunicação para o alcance dos melhores resultados na vida das empresas e das pessoas.

Ao compreendermos que a grandeza da comunicação encontra-se basicamente no relacionamento humano, conseguimos evoluir na esperança de superação dos sérios problemas sociais, econômicos e ambientais que assolam nossa grande tribo planetária.

Sempre renovarei meus mais profundos agradecimentos aos mestres Francisco Gomes de Matos e Idalberto Chiavenato, pelos generosos e renovados compartilhamentos de conhecimentos e sabedoria.

Em frente, com fé e força!

Gustavo Gomes de Matos

INTRODUÇÃO: VAMOS CONVERSAR

> *"Anunciamos uma vida melhor.*
> *Condições?*
> *Conversando, a gente se entende."*
> Carlos Drummond de Andrade

ERRO DE COMUNICAÇÃO: A ORIGEM DOS CONFLITOS

A história das organizações tem demonstrado que os problemas de comunicação são os principais responsáveis pela grande parte dos erros operacionais, desacertos de gestão e conflitos interpessoais. Estendendo a interpretação para a história das civilizações, podemos constatar que está na falha da comunicação, ou melhor, na falta de diálogo, a grande origem das guerras ideológicas, disputas territoriais violentas, confrontos ensandecidos, batalhas religiosas e todo tipo de estupidez e bestialidades humanas.

Antropólogos chegam a sugerir a hipótese de que o motivo do primeiro confronto físico entre nossos ancestrais, os *Homo sapiens*, tenha sido a incompreensão de um simples pedido de ajuda. Um dos membros de um pequeno grupo de hominídeos teria se perdido ao voltar de uma caçada malsucedida e ao tentar se aproximar de outro grupo da mesma região, à procura de algo para se alimentar, teve o seu ato interpretado como tentativa de invasão, e antes que pudesse manifestar algo contrário a isso, teve o seu cérebro esfacelado por uma pedra, arremessada violentamente, sem piedade, ou seja, a manifestação assassina de hostilidade teria acontecido por uma mera falha de comunicação.

Nesse caso, a atitude de intolerância foi originada pela má interpretação de diferentes linguagens gestuais e guturais dos nossos ancestrais, o que acabou gerando atos de violência e ódio dos receptores de uma mensagem transmitida por um emissor esfomeado e aflito.

Atualmente, muitos antropólogos, sociólogos, psicólogos e psiquiatras concordam que a origem dos problemas humanos, sociais e organizacionais está basicamente relacionada a falhas e aos erros no processo da comunicação humana. Fatores subjetivos, atitudes introvertidas e meras idiossincrasias geram sérios problemas nos relacionamentos interpessoais e humanos, desencadeando desde pequenos conflitos emocionais, desentendimentos e ressentimentos familiares e profissionais, até mesmo rupturas de relacionamentos diplomáticos, conflitos étnicos e confrontos bélicos entre nações.

É desalentador, mas a história da civilização sempre foi marcada pelos desvarios de monarcas, imperadores e ditadores que, pela incapacidade de dialogar e de se comunicar abertamente, foram capazes de cometer as mais cruéis atrocidades contra a vida humana e o bem comum. Com eloquência e verve demagoga, outros falsos líderes aproveitaram-se do fanatismo religioso e ideológico para enriquecer e comprometer o destino de toda uma nação pelo signo da guerra e do ódio. Muitas dessas distorções acontecem até mesmo em países de sistemas ditos "democráticos", nos quais o presidente da República consegue, por meio da mídia, e da sua capacidade de persuasão, manipular a opinião pública, o poder legislativo e o judiciário, em prol de atos de pura beligerância e incomunicabilidade.

CATEGORIAS DE COMUNICAÇÃO

*"Partícipe do movimento de criação do mundo,
a palavra é criadora contígua do real."*
Alberto Pucheu, filósofo e poeta

A palavra comunicação é originária do latim *communicare*, que significa "tornar comum", "partilhar", "repartir", "associar", "trocar opiniões", "conferenciar". Segundo Rabaça e Barbosa (1987), no livro *Dicionário de comunicação*, comunicar implica participação (*communicatio* tem o sentido de "participação"), interação, troca de mensagens, emissão ou recebimento de informações.

Processo tão natural como respirar, comer, beber água, rir, chorar ou caminhar, a comunicação é a força que movimenta a vida das pessoas, das empresas e das sociedades. Sem a comunicação, não adquirimos informação, não aprofundamos conhecimentos, não amadurecemos experiências, não aprofundamos relações. Sem a comunicação, somos incapazes de resolver simples problemas físicos e concretos, como curar uma doença ou consertar o motor de um carro. Sobre as questões metafísicas e dilemas existenciais, então, nada melhor do que uma boa troca de ideias com amigos ou uma conversa tranquila com pessoas mais voltadas para as questões do espírito.

> *"E o que parece não querer dizer nada*
> *sempre quer dizer qualquer coisa."*
> Fernando Pessoa

Estamos nos comunicando a todo o tempo. Dependemos dessa atividade em nossa vida pessoal, social ou profissional. Queiramos ou não, estamos o tempo todo comunicando algo a alguém. Mesmo que não queiramos nos comunicar, estaremos de alguma forma transmitindo e recebendo informações em forma de retorno (*feedback*).

Um adolescente revoltado, que decide se alienar do mundo, ou assumir uma atitude de indiferença e agressividade, evitando qualquer tipo de contato verbal, estará se comunicando, e muito, por meio da comunicação não verbal. Suas atitudes e comportamentos dirão tudo: o jeito de andar, de gesticular e as expressões faciais; a maneira de se vestir, o que come, bebe e escuta e, principalmente, a expressão do olhar. Queiramos ou não, estamos o tempo todo participando, de forma ativa ou passiva, de algum processo de comunicação.

Até mesmo a comunicação intrapessoal é imprescindível para uma existência saudável. É a autocomunicação – comunicação consigo mesmo e para você mesmo. Quando pensamos, estamos nos autocomunicando, ampliando nossa capacidade de conscientização e fortalecendo o processo de individuação, que nos torna seres independentes e responsáveis pelas ações que realizamos.

Podemos refletir sobre os acontecimentos do dia ou interpretar um filme que assistimos no final de semana e ficou em nossa cabeça. Sem questionar ou pensar sobre o que fazemos e o que devemos realizar, tornamo-nos seres reativos e perigosamente impulsivos, próximos da irracionalidade animal, com o agravante de, no último caso, sermos bem mais agressivos e devastadores.

Dentro das categorias clássicas e mais analisadas pelos teóricos da comunicação, estão:

- A *comunicação interpessoal*, ou seja, a delicada e conflituosa comunicação entre pessoas.
- A *comunicação de grupo*, aquela que envolve o conjunto pequeno, médio ou grande de pessoas.
- A polêmica e muito discutida *comunicação de massa*, a comunicação dirigida a um grande público (heterogêneo e anônimo), que se utiliza dos meios de comunicação coletiva, tais como: jornal, revista, televisão, rádio e a "globalizante" – porém socialmente ainda elitista – internet.

A BASE DAS RELAÇÕES HUMANAS E SOCIAIS

Gillo Dorfles, filósofo e ensaísta italiano, disse que "a comunicação – escrita, falada, cantada, recitada, visual, auditiva e figurativa – está, sem dúvida, na base de todas as nossas relações intersubjetivas e constitui o verdadeiro ponto de apoio de toda a nossa atividade pensante".

Charles Cooley, pioneiro da teoria da comunicação, definiu-a como "mecanismo através do qual existem e se desenvolvem as relações humanas". Essa definição é de muita lucidez, pois ressalta a noção de que o ato de comunicar é uma das necessidades básicas da existência e do relacionamento humanos.

Outro conceituado teórico da comunicação, Warren Weaver, a define como

> todos os procedimentos por meio dos quais uma mente pode afetar outra mente. Isso, obviamente, envolve não somente a linguagem escrita e oral, como também música, artes pictóricas, teatro, balé e, na verdade, todo comportamento humano.

Tudo o que é vida é comunicação, porque implica necessariamente a transmissão de informações, sentimentos, ideias e conceitos, de um ponto para o outro. O sangue transporta oxigênio para as células e, ao fazê-lo, está a comunicar vida.

Sem comunicação, há complicação

A comunicação é poderosa e pode ser utilizada para o bem da humanidade ou manipulada em sentido oposto. A comunicação informa, motiva, ensina, emociona, vende, distrai, entusiasma, dá *status*, constrói mitos, destrói reputações, forma opiniões, deforma pensamentos, distorce fatos, orienta, desorienta, faz rir, faz chorar, inspira, narcotiza, reduz a solidão e – em um paradoxo que confirma a grande magnitude do seu potencial – produz até mesmo a incomunicação.

Por exemplo, o bombardeio de notícias dos meios de comunicação de massa leva o indivíduo à incapacidade de processar as informações que está recebendo em excesso comprometendo por completo a inteligibilidade da mensagem. É o que a teoria da comunicação define como entropia, ou seja, o estabelecimento do caos e da desordem na comunicação. É como se estivéssemos em uma sala fechada, com pessoas falando e aparelhos de televisão, rádio e multimídias ligados. Nessa situação, estaríamos sofrendo uma tempestade de apelos sonoros, visuais e cognitivos, que nos levariam ao esgotamento da nossa capacidade de percepção e compreensão.

> *O ser humano desenvolve-se e realiza-se graças a sua capacidade de comunicar e, assim, de interagir com outros indivíduos e com a sociedade.*

Sem querer cair em um discurso radical, é preciso reconhecer que os meios de comunicação de massa têm demonstrado forte tendência em narcotizar o seu público, favorecendo a formação de uma cultura consumista e alienada, incapaz de questionar o seu papel em um contexto social de injustiças, miséria, exclusão e violência. O público é tratado de forma para que não reflita sobre as relações de causa e efeito que ajudam a configurar o contexto de subdesenvolvimento e exclusão social em que está inserido.

Sem a comunicação, atrapalhamo-nos no pensar, no fazer e no viver. Sem a comunicação somos incapazes de nos relacionarmos, de nos compreendermos, de nos solidarizarmos. O ser humano desenvolve-se e realiza-se graças a sua capacidade de comunicar e, assim, de interagir com outros indivíduos e com a sociedade. Sem comunicação, há complicação.

Em síntese, comunicamo-nos para:

- Sobreviver.
- Interagir.
- Cooperar.
- Satisfazer necessidades biológicas, físicas e psicológicas.
- Nos sentir aceitos.
- Nos relacionar com outras pessoas.
- Suprir necessidades práticas.
- Desenvolver atividades econômicas (vender/comprar produtos e serviços).
- Dar e receber informações.
- Participar dos acontecimentos com ideias e opiniões.

MÁ COMUNICAÇÃO FAZ MAL À SAÚDE

Uma pesquisa da sucursal brasileira da International Stress Management Association (Isma-BR) indicou que estresse e dores físicas estão entre as consequências nocivas da falta de comunicação e entendimento no trabalho. Realizada com 230 funcionários de três grandes empresas brasileiras, a pesquisa do IsmaBR concluiu que a falta de entendimento verbal e escrito faz o corpo dos funcionários doer. A tensão de não se fazer entender levou 87% dos entrevistados a reclamarem de dor.

Outro efeito da má comunicação é a insatisfação no trabalho, que foi manifestada por 72% dos entrevistados. Em razão da falta de diálogo e conversação, é comum as pessoas se sentirem pouco motivadas (63%), apelando para o uso de medicamentos e álcool (44%). Foi constatada também a tendência à distração, pois muitos ficam pensando na possibilidade de trabalharem em outra empresa (37%).

Os funcionários afetados pela má comunicação tendem a falar mais ao telefone, trocar *e-mails*, gastar tempo na internet, fumar e, até, fazer intrigas. Tudo isso porque não sentem abertura para falar claramente sobre certos assuntos com chefes ou colegas. E esse tempo gasto, para as empresas, representa lucro perdido.

Nessas atividades alheias ao trabalho, eles perdem, em média, uma hora e 20 minutos por semana, segundo o estudo. No caso dos fumantes, o desperdício de tempo aumenta 40 minutos a cada dia. É essa distração que faz o problema aumentar: a baixa concentração é apontada como consequência por 97% dos entrevistados, que também se tornam mais impacientes (83%), ansiosos (79%), agressivos (76%) e não conseguem mais se livrar da dor (68%).

Fontes: International Stress Management Association (Isma-BR). Disponível em: www.ismabrasil.com.br; *O Globo*, caderno *Boa Chance*, 21/1/2007, p.3.

FALTA COMUNICAÇÃO NA ERA DA INFORMAÇÃO

O filólogo Aurélio Buarque de Holanda definiu a comunicação humana como:

> ato ou efeito de emitir, transmitir e receber mensagens por meio de métodos ou processos convencionados, quer através da linguagem falada ou escrita, quer de outros sinais, signos ou símbolos, quer de aparelhamento técnico especializado, sonoro ou visual. A capacidade de trocar ou discutir ideias, de dialogar, de conversar, com vista ao bom entendimento entre pessoas.

No entanto, em plena Era da Informação, com a predominância de avanços tecnológicos nas áreas das telecomunicações e da informática, o que constatamos é a falta de comunicação. No livro *Mudança e decisão*, Francisco Gomes de Matos alerta: "desde o advento da comunicação em massa – jornal, revista, rádio e televisão – uma situação de paradoxo revela-nos surpreendente e chocante realidade"; "disseminou-se a informação, mas ampliou-se o vazio humano".

Atualmente, no mundo globalizado da internet, percebemos nitidamente a carência de diálogo, entendimento e negociação entre capital e trabalho, governos e cidadãos, empresas e clientes, instituições de ensino e estudantes, miseráveis e ricos, políticos e eleitores, mídia e opinião pública, poderes constituídos e despossuídos em busca de direitos. Falta flexibilidade e abertura para o diálogo, para se estabelecer canais de comunicação em via de duas mãos.

O que acompanhamos diariamente pelos noticiários são avalanches e mais avalanches de divergências políticas, tensões sociais, disputas econômicas, intolerâncias religiosas e intransigências ideológicas. Estupefatos, engolimos goela abaixo o absurdo da predominância das especulações financeiras internacionais – um tal de "capital volátil" – em detrimento dos investimentos produtivos, em prol do desenvolvimento econômico, social e humano.

Na nossa Sociedade do Conhecimento são cada vez piores as guerras entre nações; os intermináveis confrontos e batalhas étnicas e religiosas; o preconceito racial; os conflitos ideológicos; os conchavos políticos; a falta de interesse pelo bem comum; a rigidez dos "radicais"; o desamor e niilismo dos terroristas; a ortodoxia do sistema financeiro mundial; a ganância pelo lucro incomensurável; a cegueira social; a má distribuição de renda; a concentração de riquezas; a injustiça social; a segregação de uma maioria de excluídos do processo de desenvolvimento; a persistência da miséria e da fome nos países do hemisfério sul; o atrito de opiniões e vaidades dos intelectuais; as disputas de egos; as veleidades dos magníficos doutores e eruditos; o hermetismo corporativista dos acadêmicos, legisladores e juízes; a violência dos ignorantes e alienados; os acidentes de trânsito; as disputas de poder; a corrupção; os roubos; os assassinatos; os desvios de verbas públicas; as dolorosas brigas familiares e os confrontos e ofensas verbais entre pessoas que se amam. Todas as situações mencionadas têm as suas origens na falta ou na deficiência crônica de comunicação.

A comunicação tem a força e o poder de erguer e desfazer reputações pessoais, organizacionais e institucionais. Ela pode definir os destinos político, econômico e social de um país e tem o poder de impor o medo e disseminar a paz. A comunicação pode motivar e desmotivar pessoas, grupos e até mesmo nações.

A COMUNICAÇÃO NA HIPERMODERNIDADE

Vivemos a realidade concreta de grandes paradoxos. Um dos mais latentes, que caracteriza a contemporaneidade, diz respeito ao excesso de informação e a pouca comunicação. Em tempos de plenitude das redes sociais, há muita conectividade virtual entre indivíduos e pouquíssima interatividade real por objetivos coletivos e pelo bem comum.

O mundo está interconectado, com transmissão de notícias em tempo real. Em um piscar de olhos, os mais diversos acontecimentos são divulgados, repercutindo fatos e impulsionando mudanças de comportamento e costumes, tanto na esfera local como na planetária. O próprio Papa Bento XVI, em seu comunicado de renúncia ao pontificado, mencionou o "mundo de hoje, sujeito a rápidas transformações" como uma das razões para a sua decisão.

É nesse contexto de contrastes e paradoxos que o mundo pós-industrial ingressa no cenário da hipermodernidade, conceito consolidado pelo filósofo francês Gilles Lipovetsky, que identifica uma ameaçadora "cultura do vazio", alimentada por um modelo insustentável de produção e consumo.

Diante desse panorama, a tecnologia da informação abriu um caminho sem volta, deixando quase tudo ao alcance de todos. Porém, a ansiedade existencial continua a mesma e o ser humano parece se comunicar pessoalmente cada vez menos. Há algo de errado nessa nova ordem mundial.

A tão propalada "sociedade do conhecimento" se caracteriza, cada vez mais, como a sociedade do hiperconsumo. Vivemos em plena era da informação, na qual o excesso de dados contrasta com uma tremenda carência de comunicação e relacionamento humano.

> "A civilização humana está demasiadamente tecnológica
> e extremamente desumana."
> Gilles Lipovetsky, filósofo francês,
> autor do livro *A era do vazio*

Segundo fontes científicas, a cada segundo, nosso corpo recebe algo como 20 *megabytes* de informações sensoriais, mas o cérebro só consegue processar 1% delas. Bem, se a proporção é essa mesmo, o melhor é investir em arte e poesia para buscarmos a evolução da nossa civilização pela via da comunicação extrasensorial.

Outro paradoxo da nossa atualidade: estar perto da morte para se sentir vivo e participante da viagem existencial coletiva. O mega sucesso dos esportes e atividades radicais em todo o mundo é um claro sinal desse fenômeno. O ser urbano quer qualquer coisa que se sinta, como expressou o poeta Arnaldo Antunes na música "Socorro": "Por favor!/ Uma emoção pequena, qualquer coisa!/Qualquer coisa que se sinta.../ Tem tantos sentimentos/Deve ter algum que sirva".

Vale muito pensar e refletir sobre a falência do modelo dessa sociedade de hiperconsumo que, muitas vezes, sem querer, reproduzimos e perpetuamos no nosso dia a dia de condicionamentos e hábitos reativos.

Ainda sobre a "comunicação na hipermodernidade", ressalto uma frase de Gilles Lipovetsky que ficou ressonando em minha mente: "A civilização humana está demasiadamente tecnológica e extremamente desumana."

Falta educação para melhoria da comunicação

De um modo geral, as escolas não educam as pessoas para a comunicação plena, que engloba as dimensões do falar, ouvir e dar *feedback*. Na realidade, tem faltado até mesmo educar a pensar. Recebemos apenas instruções técnicas, com que, em geral, somos treinados a não pensar e, portanto, induzidos a simplesmente memorizar e arquivar informações. Privilegia-se o escutar mecânico e não o ouvir orgânico. Não fomos incentivados a refletir sobre a relação de causa e efeito dos fatos que acontecem em nosso bairro, cidade, país, quanto mais em nosso planeta. Chega a ser raro encontrarmos um ambiente de verdadeiro diálogo nas empresas, nas famílias, nos colégios e nas universidades. É um verdadeiro contrassenso: falta comunicação na Era da Informação e do Conhecimento.

A dificuldade de se encontrar solução para os problemas ligados à falta de comunicação está exatamente na falta de uma educação norteada pela cultura do diálogo, pelo ato de refletir em grupo e pensar com espírito de compartilhamento, respeitando as diversidades culturais e ideológicas de cada pessoa ou grupo, para consolidar um ambiente de convivência das diferenças, aliás, esse é o princípio básico da democracia.

É essa falta da educação mais básica, traduzida como respeito ao próximo, que gera a falta de *feedback*, certamente um dos maiores complicadores para o sucesso da comunicação e o estabelecimento de relações duradouras. Na sociedade informacional em que vivemos, somos diariamente bombardeados por notícias dos mais variados teores e objetivos. Porém, nossa capacidade de absorver essa fenomenal quantidade de informação e transformá-la em conhecimento é muito reduzida, devido à falta de debate e discussões sobre os temas abordados. A grande quantidade, somada à rapidez com que as notícias são divulgadas, não facilita a disposição para pensar ou refletir sobre o assunto tratado.

Em 1930, Anísio Teixeira falava sobre a função social e educativa da escola como um ambiente de transmissão de valores e formação de cidadãos responsáveis por si e por todos. Esse brasileiro, um dos pioneiros da filosofia da educação, foi buscar no famoso lema dos Três Mosqueteiros, "cada um por todos, todos por um", uma melhor forma de afirmar que a educação deve conscientizar o ser humano para a perspectiva da interdependência. É uma visão holística e libertadora do caráter comunicativo do ser humano, que só se realiza a partir do diálogo com as pessoas e com o mundo.

A tecnologia coloca à nossa disposição informações sobre praticamente tudo o que imaginarmos. Por meio de intranets, *e-mails* e *blogs*, podemos conversar virtualmente com pessoas do mundo todo. Porém, nenhuma tecnologia, por mais arrojada que seja, substitui a riqueza do contato humano *tête-à-tête*, olho no olho.

Pedagogia do "saber ouvir"

Na vida intrauterina, o feto humano já começa a desenvolver algumas habilidades comunicativas, principalmente a da audição. No ambiente escuro e aconchegante em que se encontra, o que mais lhe chama atenção são os sons de dentro e de fora do útero materno. Dentro da barriga, predomina o som ritmado do coração da mãe, barulhos de líquidos borbulhantes do suco gástrico e vozes difusas nas mais diversas entonações, transmitindo vibrações de carinho e amor, outras vezes, raiva e medo. Todo som emitido ao redor da mãe é captado pela refinada escuta do feto. Submerso no líquido amniótico, o bebê fica em silêncio, atendo para perceber humores e sentimentos que estão acontecendo à sua volta. Ele se torna um especialista em ouvidoria intrauterina.

A percepção sensorial do feto é altamente requintada, ao ponto dele perceber se está sendo bem desejado ou rejeitado. O feto percebe vibrações emocionais de alegria, euforia, entusiasmo, como também de ansiedade, nervosismo, tristeza e depressão. A voz da mãe chega com relativa clareza até os ouvidos do filho.

> Somos educados para aprender a falar
> e "desaprender" a ouvir.
> Precisamos reaprender a ouvir.
> É preciso reeducar-se a ouvir nossos interlocutores,
> e a nós mesmos, num processo contínuo
> de amadurecimento das relações humanas
> e de autoconhecimento.

No entanto, logo que nascemos, somos insistentemente treinados para aprender a falar e "desaprender" a ouvir. Por isso, costumo realçar que precisamos reaprender a ouvir. Nesse sentido, é preciso reeducar-se a ouvir nossos interlocutores e a nós mesmos, em um processo contínuo de amadurecimento das relações humanas e de autoconhecimento. Por essa perspectiva, deveríamos difundir a pedagogia do "saber ouvir" e a "cultura do diálogo", como metodologias a serem aplicadas nas escolas, empresas e famílias, visando a ajudar a construção de uma sociedade menos violenta e mais evoluída nos princípios da convivência dialogada e da coexistência solidária. Temos muito a aprender com a rica experiência da vida intrauterina dos fetos.

A linguagem e o despertar da consciência

"Uma das piores maldades que se pode fazer a um ser humano é impor-lhe o silêncio – seja pelo medo, poder ou violência, decepando-lhe a liberdade de expressão, impedindo-o de se comunicar e interagir com o meio em que subsiste", afirmou Werner Herzog, autor e diretor do filme *O enigma de Kaspar Hauser*, em entrevista, na época do lançamento dessa produção nos cinemas, em 1974.

Ficção baseada em fatos reais, *O enigma de Kaspar Hauser* narra a história de um homem que até os 18 anos vivia confinado em um porão escuro, apenas recebendo pão e água, através de um buraco na parede. Sem contato com o mundo exterior ou com pessoas, Kaspar não pôde aprender atos básicos que julgamos instintivos, por exemplo, andar, falar, rir e chorar. No seu cotidiano, restava apenas comer e dormir.

Kaspar foi privado da comunicação, enquanto linguagem simbólica, que se utiliza da palavra como signo e possibilita ao ser humano sair da realidade factual e concreta e abstrair-se, penetrando na esfera do pensamento subjetivo, na qual é possível refletir sobre o passado, avaliar o presente e planejar o futuro.

Quando foi libertado, seu comportamento era pior do que o de um animal de cativeiro colocado em liberdade, pois ele não tinha noção alguma do mundo fora da escuridão e do silêncio de sua cela no porão.

O homem é um ser que fala e a palavra é a senha de entrada no mundo humano. Pela linguagem, o homem deixa de reagir somente ao presente, ao imediato. A linguagem é, assim, um dos principais instrumentos na formação do mundo cultural, pois é ela que nos permite transcender a nossa experiência. No momento em que damos nome a qualquer objeto da natureza, nós o diferenciamos do resto que o cerca. Ele passa a existir para a nossa consciência. Com esse simples ato de nomear, distanciamo-nos da visão concreta do animal e entramos no mundo do simbólico.

> *"No princípio era o Verbo, e o Verbo estava com Deus, e o Verbo era Deus."*
> Evangelho de S. João 1: 1-5; 9-14

A linguagem representa a mais alta forma de uma faculdade que é inerente à condição humana, a capacidade de simbolizar para se comunicar. A construção das sociedades só foi possível pela utilização da linguagem falada e escrita. É pela palavra também que o ser humano transforma-se em um indivíduo pensante e atuante. O despertar da consciência na criança coincide sempre com a aprendizagem da linguagem, que a introduz pouco a pouco como indivíduo na sociedade, sempre em busca de interação pela comunicação.

O jornalista e poeta Mario Quintana sabia muito bem a importância da palavra para a vida cotidiana e para a evolução intelectual e espiritual das pessoas. Certa vez, uma entrevista falou sobre a importância da palavra escrita, pelo ponto de vista do literato: "O ato de escrever é um contínuo esforço de autossuperação. É fato consabido que esse refinamento do estilo acaba trazendo o refinamento da alma".

ÉTICA E RESPONSABILIDADE SOCIAL

> *"O futuro será das empresas que pensarem mais nas pessoas do que em si mesmas."*
> Ben van Schaik, ex-presidente da Mercedes-Benz do Brasil

A comunicação tanto pode construir como destruir. Por isso, comunicação tem estreita relação com ética e responsabilidade social. Todo indivíduo, família, organização ou sociedade que reprima o diálogo e a conversação e se feche para o entendimento estará conspirando contra a saudável formação das personalidades, talentos e competências.

O mundo contemporâneo exige cada vez mais a adoção de padrões de conduta ética que valorizem o ser humano, a sociedade e o meio ambiente. As organizações socialmente responsáveis estão mais bem preparadas para assegurar a sustentabilidade dos seus negócios, por estarem sintonizadas com as novas dinâmicas que afetam a sociedade e o mundo empresarial. Empresa socialmente responsável é a que vai além das obrigações legais e estatutárias. É a empresa aberta à comunicação, ao diálogo e à busca de soluções para os problemas que afetam toda a sociedade.

A capacidade de avaliarmos uma situação, julgando as suas causas e efeitos, permite-nos discernir o que é favorável para o nosso bem-estar físico, mental e espiritual, e ainda, o que é mais adequado para um contexto de justiça social e equilíbrio ambiental. Afinal, a ética está estreitamente relacionada com indagações do tipo: *que tipo de ser humano devo ser nas relações comigo mesmo, com meus semelhantes e com o meio ambiente? Que tipo de atitudes devo praticar como pessoa e como cidadão? Quais valores devo escolher para guiar minha vida?*

Invariavelmente, esse tipo de reflexão levar-nos-á a dois termos que sintetizam a importância da relação da comunicação com a ética para a existência humana: liberdade de expressão e responsabilidade. Com a sua consciência, o homem é capaz de decidir. E quando estamos livres para escolher entre esta ou aquela ação, tornamo-nos responsáveis pelo que praticamos.

A ação de comunicação deve pautar-se pelo compromisso ético e pelo exercício pleno da responsabilidade social da empresa. A comunicação deve, por isso, caracterizar-se pela verdade, pelo respeito aos

---

ÉTICA

Em uma de suas fábulas, Francisco Gomes de Matos aborda a relação entre incomunicabilidade e ética:

Certo dia, a Ética desceu do Olimpo sob a forma de uma linda mulher e dirigiu-se a um reino poderoso. Todos, ao vê-la a distância, ficavam maravilhados, mas à medida que se aproximava, fechavam-lhe a porta.

A Ética tentava comunicar-se, mas em vão: ninguém queria defrontar-se com ela. Bastava sua visão longínqua.

Finalmente, acabrunhada, ao retirar-se, encontrou a Verdade que se espantou com a sua profunda tristeza:

– Que foi, minha irmã? O que tanto a magoou?

– Cheguei em missão de paz, mas ninguém quis receber-me – disse a Ética, não entendendo as razões por que foi rejeitada.

– Olhe-me de frente! Ninguém, nem mesmo você, minha cara Ética, foi capaz de perceber a Verdade: nós somos espelhos. As pessoas têm medo de se verem refletidas em nós..

Fonte: *Visão & Parábolas: compreendendo a cultura das organizações*, de Francisco Gomes de Matos. Rio de Janeiro: Campus, 2004.

cidadãos, pela eliminação do preconceito de qualquer ordem e pela manutenção de um clima favorável ao diálogo.

As empresas que melhor se espelham na ética são aquelas que se comunicam e promovem a comunicação interna e externa como uma extensão dos seus princípios e valores. São as empresas que reconhecem a função estratégica da comunicação para o estabelecimento de uma gestão empresarial socialmente responsável. Apesar de intangível, a comunicação é uma das bases concretas que expressam a maneira de ser da empresa e, por isso, tem muito a ver com a sua cultura.

> *Fala-se muito em empresa cidadã. E cidadania na empresa começa por dentro, com uma política efetiva de abertura para a comunicação e de incentivo à participação.*

As culturas empresariais formam-se aos poucos, com comunicação e informação. É certo que cada empresa tem o seu ritmo e o seu estilo, porém, sem comunicação, não haverá ética e, por consequência, não haverá a perpetuação do seu negócio.

Fala-se muito em empresa cidadã. E cidadania na empresa começa por dentro, com uma política efetiva de abertura para a comunicação e de incentivo à participação. Significa o funcionário sentir-se respeitado, reconhecido, valorizado e motivado a contribuir criativamente para o sucesso da empresa e, ao mesmo tempo, para o seu progresso profissional e social. Significa um ambiente de trabalho propício ao diálogo, à conversa, à troca de ideias e de opiniões.

Certa vez, ao ser indagado por um repórter sobre a complexidade do relacionamento humano, Carl Gustav Yung disse: "nenhum homem é uma ilha fechada sobre si; todos são parte de um continente, uma parcela de terra principal". Mais adiante, respondendo outra pergunta, completou: "todos os efeitos são recíprocos e nenhum elemento age sobre outro sem que ele próprio seja modificado".

A empresa tem influência direta na qualidade de vida e na formação de comportamentos e atitudes dos seus funcionários, da mesma forma que os seus funcionários têm influência efetiva na formação da cultura da empresa e na qualidade dos produtos e serviços que atenderão às necessidades do meio social.

Por isso, ser uma Empresa Cidadã significa desenvolver a ética da comunicação plena e integral, que não se limita aos personagens diretamente envolvidos nos seus negócios (comunicação interna), mas com a sociedade como um todo (comunicação externa e institucional).

INFORMAÇÃO E COMUNICAÇÃO EMPRESARIAL PELA ÓTICA DA SOLIDARIEDADE

O Instituto Ethos de Empresas e Responsabilidade Social define no seu estatuto a função da informação e da comunicação sob uma ótica bem peculiar, mas que serve para consolidar a cultura das empresas socialmente corretas.

Informação: instituir bancos de dados nacionais e internacionais e identificar outros já existentes sobre cidadania empresarial, garantindo o acesso de toda a sociedade às atividades do *Instituto Ethos de Empresas e Responsabilidade Social*, organizando informações sobre os projetos sociais implementados por organizações não governamentais, poderes públicos constituídos, agências nacionais e internacionais; manter cadastro de organizações não governamentais qualificadas, dispostas a atuar por meio de parcerias em ações empresariais; organizar dados sobre indicadores sociais, ambientais, culturais e de direitos humanos.

Comunicação: divulgar e comunicar informações sobre outras entidades empresariais socialmente responsáveis, bem-sucedidas em suas ações e, ainda, projetos sociais de governos, agências nacionais e internacionais e organizações não governamentais com parceria empresarial; assistir as empresas no uso da comunicação como forma de estimular e efetivar suas ações de responsabilidade social; promover a divulgação dessas ações como forma de estimular a criação de uma ampla cultura de responsabilidade social, elaborando, inclusive, publicações sobre cidadania empresarial, buscando espaços nos meios de comunicação por intermédio de campanhas, artigos, matérias e programas que estimulem a cidadania empresarial.

Fonte: Instituto Ethos de Empresas e Responsabilidade Social (disponível em: http://www.ethos.org.br).

A informação é um direito de todo cidadão e o ato de se comunicar é dever de toda pessoa ou empresa que vive e relaciona-se em uma sociedade. É dentro dessa perspectiva que se consolida o conceito de Empresa Ética e Cidadã, ou seja, a organização que promove a democratização da informação e a abertura para a comunicação com os seus públicos internos (funcionários e colaboradores) e externos (clientes, fornecedores, sociedade, sindicatos e governo).

Por isso, ética não pode ser entendida como teoria, mas essencialmente como prática de cidadania e comunicação. É uma disciplina que se orienta pelo desejo de unir o saber ao fazer. Como filosofia prática, a ética busca aplicar o conhecimento sobre o ser para construir aquilo que deve ser. É a reflexão interior visando à ação exterior, dentro de um comportamento socialmente responsável.

A ÉTICA É O CAMINHO DA COMUNICAÇÃO

As tecnologias eletrônicas e digitais impactaram profundamente a nossa maneira de pensar, trabalhar, informar, comunicar, divertir e, até mesmo, namorar. As pessoas que utilizam as várias ofertas da era da informação, proporcionadas pela internet, realidade virtual e recursos multimídia, já experimentam a influência dessas tecnologias em quase todos os planos de suas vidas: profissional (*home office* – trabalho em casa ou por meio de computador); educacional (*e-learning* – educação a distância); cultural (teatro, cinema e televisão pela internet ou sistemas multimídias de alta definição – *home-theater*) e médico (consultas e exames médicos realizados por rede de computadores, sem a necessidade da presença do médico).

Na grande aldeia global do mundo digital, nós, cidadãos do planeta Terra, devemos intensificar o debate sobre a ética na comunicação, buscando a consolidação dos valores humanistas nas relações pessoais e de trabalho, tais como os de tolerância, solidariedade e cooperação. Esses princípios favorecem o resgate do conceito de comunicação plena e integral.

A tecnologia da informação, com ênfase nos meios, não conseguiu aproximar os homens e realizar o ideal de McLuhan da "aldeia global". No livro *Prosperando no caos*, Tom Peters reforça e enfatiza essa tendência ao declarar que, na era do *e-mail*, do poder do supercomputador, da internet e da globalização, a atenção – uma prova da generosidade humana – constitui o melhor presente que podemos dar a alguém.

Será que o modo de nossa sociedade usar sua comunicação social responde às necessidades das pessoas reais? Os meios de comunicações de massa e virtuais têm ajudado os processos de tomadas de decisões, melhoria da produtividade no trabalho e competitividade das empresas? E quanto a qualidade de vida e a intensificação dos relacionamentos humanos, eles foram favorecidos pelos avanços da tecnologia da informação? Os meios de comunicação têm ajudado na construção de uma sociedade participativa, igualitária e solidária, onde as pessoas possam realizar plenamente o seu potencial humano? E o ser humano, de um modo geral, por que sente tanta dificuldade de expressar seus pensamentos e interagir com os seus semelhantes por meio da comunicação, seja ela falada, escrita, gestual, facial ou corporal?

A comunicação foi magistralmente utilizada para a decifração do DNA, o mapeamento do código genético humano, que possibilitará a cura de muitas doenças e a melhoria da qualidade de vida e longevidade do homem. Na verdade, cientistas do projeto Genoma souberam procurar e achar a fonte e os canais de comunicação da "mensagem" da vida.

Ao mesmo tempo, guerras são travadas nas esferas das informações e contrainformações e vencidas pelo poderio tecnológico da comunicação. Mas, como disse o papa João Paulo II, em mensagem para a celebração do Dia Mundial da Paz, em 1º de janeiro de 2001, "a comunicação tem a tarefa de unir as pessoas e de enriquecer a sua vida, e não de as isolar e explorar".

Temos ainda a tecnologia da informação intrometendo-se na privacidade humana. Em prol da segurança pública e do consumismo, aparelhos eletrônicos são capazes de devassar a intimidade de um cidadão, criando bancos de dados capazes de ter o perfil completo de todas as suas preferências, comportamentos e tendências ideológicas.

Navegando na internet pelo seu computador pessoal, lojas sabem quais os seus costumes e tendências consumistas. A situação remete-nos ao livro *1984* de George Orwell, que conta a história de uma época em que uma sociedade fictícia seria totalmente controlada por um Estado, personalizado pela figura do *Big Brother*, que vigiava todos os cidadãos 24 horas por dia.

O livro é uma metáfora do mundo que estamos inexoravelmente construindo. Invasão de privacidade, avanços tecnológicos que propiciam o controle total dos indivíduos, uma cultura de massa que promove a alienação e o embrutecimento humano, destruição ou manipulação da memória histórica dos povos e guerras para assegurar a paz já fazem parte da realidade. Se essa realidade caminhar para o cenário antevisto em *1984*, o indivíduo não terá qualquer defesa.

Mas não sejamos apocalípticos, existe uma saída sim, e ela pode se chamar "comunicação sem complicação", algo que propicie a comunicação humana e empresarial ampla, geral e irrestrita.

> *"O grande segredo da comunicação está na simplicidade e na maneira natural de nos comportarmos."*
> Reinaldo Polito

O QUE É O SER HUMANO, ENTÃO?

"É um ser de abertura. É um ser concreto, situado, mas aberto. É um nó de relações, voltado em todas as direções. Já dizia o grande "filósofo" (comunicador) Chacrinha: "Quem não se comunica se trumbica". É só se comunicando, realizando essa transcendência concreta na comunicação, que o ser humano constrói a si mesmo. É só dando de si, que recebe. Ele é um ser em potencialidade permanente. Então, o ser humano é um ser de abertura, um ser potencial, um ser utópico. Sonha para além daquilo que é dado e feito. E sempre acrescenta algo ao real".

Fonte: *Tempo de transcendência – o ser humano como um projeto infinito*, de Leonardo Boff. Rio de Janeiro: Sextante, 2000.

Empresas, pessoas e a sociedade poderão melhorar expressivamente a qualidade de suas existências pelo simples caminho do conhecimento crítico e reflexivo do processo de comunicação. Um melhor conhecimento da comunicação pode contribuir para que muitas empresas e pessoas adotem uma posição mais crítica, reflexiva e dinâmica em relação ao que deveria ser a comunicação na sua realidade pessoal, profissional e na sociedade. Porém, não podemos nos esquecer do que o professor Reinaldo Polito, especialista em Expressão Verbal e Oratória, costuma enfatizar em seus livros: "nenhuma técnica de comunicação, por mais bem elaborada que seja, poderá ser considerada mais importante do que a naturalidade. É sempre preferível o erro técnico com naturalidade ao acerto com artificialismo".

Costuma-se falar que vivemos na era das comunicações. Porém, diante dos diversos problemas organizacionais, gerenciais e pessoais, ligados à incomunicabilidade, o mais correto seria dizer que vivemos na era dos instrumentos de comunicação. Logo, podemos concluir que o problema da falta de comunicação e da solidão humana no mundo moderno não é instrumental, mas, essencialmente, comportamental. Como poderemos observar nos próximos capítulos, a comunicação é a base fundamental do bom relacionamento humano e organizacional.

A compreensão das suas técnicas, potenciais, causas e efeitos, pode ampliar infinitamente a busca de soluções para os dilemas existenciais, empresariais, governamentais e ambientais, que hoje afligem a humanidade de forma alarmante, por meio do desemprego estrutural, guerras, terrorismo, variações climáticas e surgimento de novas doenças. Muitas respostas virão da nossa capacidade de compreender melhor o fascinante dom que temos de nos comunicar uns com os outros.

Conversando, a gente se entende!

O PROCESSO DA COMUNICAÇÃO   1

*"A comunicação é a chave única,
adaptável às fechaduras,
para abrir todas as portas."*
Francisco Gomes de Matos

QUEM NÃO SE COMUNICA SE COMPLICA...

Formado em Administração por uma das mais conceituadas universidades do país, com MBA em Gestão Estratégica, pela Harvard School, e a experiência de 10 anos de trabalho, em cargo de alta gerência de uma grande organização do setor de varejo, Márcio tinha o perfil de um jovem profissional com grande empregabilidade. Tinha sido demitido da empresa por razões estritamente políticas: disputa de poder entre duas diretorias com as quais a sua divisão era estreitamente relacionada. A empresa funcionava de forma reativa, sem preocupar-se com questões ligadas a clima organizacional, programas de desenvolvimento, gestão participativa ou comunicação interna. Sua demissão foi sumária, pois os indicadores de resultados da sua área de competência tinham caído em mais 50%.

Com fluência em inglês, alemão e espanhol, ele escrevia artigos sobre administração estratégica, publicados, com periodicidade, em uma revista especializada. O único problema de Márcio era a sua personalidade fechada, introspectiva e reservada. Às escondidas, os colegas costumavam mencioná-lo de Márcio "carranca", pois vivia com um semblante emburrado e evitava conversas dentro e fora do trabalho. Falava o estritamente necessário, com se fosse um robô. Ninguém conhecia nada sobre a sua vida pessoal. Sabiam apenas que era casado, pela aliança de ouro que tinha no característico dedo da mão esquerda.

> Márcio já tinha conversado com um dos maiores *head-hunters* do país e entregado o seu currículo para 20 empresas, em um período de 6 meses, quando recebeu o comunicado de que deveria se apresentar para o processo de seleção em uma das maiores instituições financeiras do país. Após uma demorada entrevista com o gerente de recursos humanos e dois rápidos encontros com diretores da empresa, Márcio recebeu, através da agência de recolocação, o retorno contundente da empresa contratante: CANDIDATO REPROVADO.
> MOTIVO: profissional de grande competência, experiência e visão de negócio, porém com muita dificuldade em expressar seu pensamento de forma clara e objetiva. Demonstra inabilidade no relacionamento humano, apresentando dificuldade em administrar conflitos e pouca desenvoltura para o diálogo e a troca de opiniões.
> Márcio foi reprovado pela sua inabilidade em relacionar-se espontaneamente e estar aberto para o diálogo. Dizer simplesmente "bom-dia" por mera convenção social é muito diferente de falar "bom-dia" por necessidade de sentir-se bem ao desejar, verdadeiramente, um bom-dia para a pessoa com quem encontrou.

COMUNICAÇÃO E INFORMAÇÃO

> *"...todo-o-mundo neste mundo é mensageiro."*
> Guimarães Rosa

A comunicação é o fio condutor de todas as atividades e relacionamentos humanos. Literalmente, nada acontece sem que haja prévia comunicação. Comunicar bem não é só transmitir ou só receber bem uma informação. Comunicação é troca de entendimento e sentimento, e ninguém entende outra pessoa sem considerar além das palavras, as emoções e a situação em que fazemos a tentativa de tornar comuns conhecimentos, ideias, instruções ou qualquer outra mensagem, seja ela verbal, escrita ou corporal.

Diante de outra pessoa, podemos reagir de várias formas: comunicando-se alegremente, pelo simples fato de ter gostado do jeito de falar do interlocutor; e sentindo simpatia ou antipatia, apenas pela roupa que o indivíduo veste; sentindo atração ou aversão, também pelo jeito de ser introvertido ou extrovertido. Nossas avaliações são subjetivas e muito preconceituosas.

Muitos conflitos e desentendimentos humanos, problemas de gestão, erros e acidentes nas empresas são ocasionados, em sua grande maioria, pela deficiência ou simplesmente pela falta de comunicação. Ao constatar um erro, muitas pessoas racionalizam: "mas a informação foi passada em todos os detalhes...".

Segundo William Oxner e Sérgio Charlab, na coleção de artigos especiais *A Revolução da Informação*, publicada no Jornal do Brasil (1995), o dicionário define informação utilizando os conceitos de comunicação e recepção de conhecimento, mas o sentido moderno desta palavra é mais difícil de ser compreendido.

> Não é algo que se possa detectar com os nossos sentidos. A informação não pode ser tocada, ouvida e nem dela se desprende qualquer aroma. Não se pode considerá-la da mesma forma que uma maquinaria. Contudo, está em toda a parte, ao nosso redor, todo o tempo. Está dentro do jornal e nas telas da televisão. Ela nos envolve quando escutamos o rádio ou quando nos encontramos para conversar com amigos, quando trabalhamos ou nos divertimos. Está dentro de nós e é também parte do nosso código genético.

Até a invenção dos computadores, observam Oxner e Charlab, a palavra informação sempre se referiu ao ato pessoal de ganhar conhecimento. Como alguém que leia livros ou cerque-se de sábios. Os computadores, no entanto, mudaram nossa visão da natureza da informação e, atualmente, nós a entendemos como algo que pode ser coletado, manipulado, trocado e processado, como avaliam Oxner e Charlab:

> Hoje, o uso da informação tecnológica se tornou um aspecto singularmente importante na economia das nações e na civilização humana. A informação tecnológica, na forma de um computador, já modificou inteiramente a maneira que muitos negócios operam. E já modifica virtualmente

todos os elementos da vida do nosso trabalho, diversão, técnicas médicas, livros, filmes, músicas, jornais, revistas, televisão e telefones, entre outros.

Precisamos compreender mais claramente a diferença entre comunicação e informação. Informação é quando um emissor passa para um receptor um conjunto de dados codificados que elimina uma série de indefinições e dúvidas, ou seja, a informação pressupõe a figura de um emissor, uma mensagem e um receptor. A comunicação acontece somente quando a informação recebida pelo receptor é compreendida, interpretada (decodificada) e encaminhada de volta ao emissor, o que caracteriza a retroalimentação do processo. Esse retorno da informação recebida – designado também como *feedback* – é o principal elemento que caracteriza e dinamiza o processo de comunicação.

INFORMAÇÃO SEM COMUNICAÇÃO

Vivemos na propalada Sociedade Informacional. Nunca, na história da humanidade, o conhecimento esteve tão ao alcance como fundamento à ação. "Informação é poder", sempre se apregoou, por se tratar do insumo básico a decisões inteligentes e eficazes. Todavia, o homem não se preparou para o excesso de informações, para processá-las adequadamente. Há uma verdadeira volúpia em obter dados, sem condições de objetivá-los. Enquanto crescem as possibilidades infinitas de informar-se, o homem, paradoxalmente, distancia-se de seus semelhantes, em isolamento tecnológico.

Acentua-se a crise de comunicação, que sempre foi o problema existencial mais grave das organizações. Pessoas e grupos que não se compõem em equipes, que não falam a mesma linguagem das ideias e sentimentos e que não realizam a sinergia do trabalho compartilhado. "Cada um na sua", preocupados com o ganho individual, fazem da informação uma conquista egoística. Por falta de avaliação e *feedback* não aprendem com seus erros e acertos.

Fonte: Francisco Gomes de Matos. *Fator QF: quociente de felicidade – ciclo de felicidade no trabalho*. Rio de Janeiro: Makron Books, 1993.

ELEMENTOS DA COMUNICAÇÃO[1]

- *Fonte:* nascente de mensagens e iniciadora do ciclo da comunicação. Sistema (pessoa, máquina, organização, instituição) de onde provém a mensagem, no processo comunicacional.
- *Emissor:* um dos protagonistas do ato da comunicação, aquele que, num dado momento, emite uma mensagem para um receptor ou destinatário.
- *Receptor:* um dos protagonistas do ato da comunicação; aquele a quem se dirige a mensagem, aquele que recebe a informação e a decodifica, isto é, transforma os impulsos físicos (sinais) em mensagem recuperada.
- *Mensagem:* comunicação, notícia ou recado verbal ou escrito. Estrutura organizada de sinais que serve de suporte à comunicação. A mensagem é o objeto da comunicação, "é um produto físico real do codificador/fonte" (David Berlo, 1999). "Quando conversamos, o discurso é a mensagem; quando sorrimos, a alteração característica da face é a mensagem; quando somos surpreendidos subi-

---

[1] Fonte: *Dicionário de comunicação*, de Carlos Alberto Rabaça e Gustavo Barbosa. São Paulo: Ática, 1987; *Novo Aurélio Século XXI – o dicionário da língua portuguesa*, de Aurélio Buarque de Holanda Ferreira. 3.ed. Rio de Janeiro: Nova Fronteira, 1999.

tamente, o silêncio e a imobilidade momentânea são a mensagem" (Marcelo Casado d'Azevedo, 1978).
- *Ruído:* todo sinal considerado indesejável na transmissão de uma mensagem por um canal. Tudo o que dificulta a comunicação, interfere na transmissão e perturba a recepção ou a compreensão da mensagem.
- *Canal (meios de comunicação):* todo suporte material que veicula uma mensagem de um emissor a um receptor, através do espaço e do tempo. Meio pelo qual a mensagem, já codificada pelo emissor, atinge o receptor, que a recebe (em código) e a interpreta (decodifica).
- *Código:* conjunto de signos relacionados de tal modo que estejam aptos para a formação e transmissão da mensagem. Por exemplo, a escrita é um código que permite transformar uma mensagem acústica em uma mensagem gráfica.
- *Codificação:* ato de transformar uma mensagem de acordo com regras predeterminadas, para convertê-la em linguagem.
- *Decodificação:* interpretação de uma mensagem, pelo receptor, de acordo com um código predeterminado.
- *Signos:* é uma convenção social e arbitrária, constituída pela combinação de um conceito, denominado significado, e uma imagem acústica, ou forma física, denominada significante.
- *Linguagem:* qualquer sistema de signos (não só vocais ou escritos, como também visuais, fisionômicos, sonoros, gestuais etc.) capaz de servir à comunicação entre os indivíduos.
- *Língua:* é o produto social da faculdade da linguagem de uma sociedade. É um conjunto de convenções necessárias, adotadas pelo corpo social, para permitir o exercício da linguagem.

> *"Atribuo o pouco que sei a nunca ter sentido vergonha de pedir informações e a minhas conversas com todos os tipos de homens, sobre aqueles temas que formam suas próprias profissões e ocupações peculiares."*
> John Locke, filósofo inglês (1632-1704)

Um dos mais antigos e ainda mais úteis exemplos para descrever o processo da comunicação é separá-lo em partes, como foi feito por Harold Lasswell, em 1948. Ele disse que o processo da comunicação pode ser decomposto nos seguintes termos:

- *Quem:* fatores que iniciam e guiam o ato da comunicação.
- *Diz o que:* análise de conteúdo.
- *Em que canal:* meios interpessoais ou de massa.
- *Para quem:* pessoas atingidas pelos meios – implica uma análise de audiência.
- *E com qual efeito:* impacto produzido pela mensagem sobre a audiência – implica análise do efeito.

É o mesmo que dizer que todo o exemplo de processo da comunicação pode ser desdobrado nos seguintes termos:

- Um transmissor
  – dirige uma *mensagem;*
  – através de alguma *forma* ou *meio;*
  – para um *receptor;*
  – com um determinado *efeito.*

BUSCANDO O FATO DA MENSAGEM

No jornalismo, ao iniciarmos a elaboração de uma notícia, procuramos responder seis perguntinhas básicas que garantem a redação da matéria:

- O quê?
- Quem?
- Quando?
- Onde?
- Como?
- Por quê?

Ao respondermos essas seis perguntas, estaremos aptos a elaborar outra mensagem, seja ela jornalística, pessoal, técnica ou, simplesmente, circunstancial ou para entretenimento.

É basicamente por meio de palavras que procuramos nos tornar inteligíveis. No entanto, embora as palavras fluam livremente, é curioso como raramente conseguimos nos tornar inteligíveis apenas com a transmissão de palavras. Muitas vezes, temos a desagradável sensação de falarmos com amigos, familiares e profissionais e concluir que não fomos entendidos. Outras vezes, somos nós que não entendemos o que nos falam.

Apesar de parecer tão simples e básico o processo de comunicação – emissor, mensagem, receptor e *feedback* – na prática, porém, parece-nos penoso, confuso e desafiante. Psicólogos, psiquiatras, antropólogos e sociólogos confirmam com estudos científicos, análises e pesquisas que as pessoas e as sociedades desejam intensamente encontrar-se e comunicar-se umas com as outras, porém, cada vez mais parecem estar se distanciando e entrando em um mundo virtual do "faz de conta".

Afinal, o que são as retóricas dos pronunciamentos diplomáticos e "cartas de intenção"; os discursos inflamados dos políticos em época de campanha; as palavras envolventes e persuasivas do vendedor ou apresentador de programas de televisão; a eloquência dos magistrados ou a retórica visceral de um promotor ou advogado de defesa?

São, muitas vezes, palavras pró-forma, de ocasião, nada além do que palavras de discurso, desprovidas de espírito e compromisso com a verdade, mas sim com a conveniência, com a intenção de "segundos" e "terceiros" interesses de quem as pronunciam.

"O mais importante na comunicação é ouvir o que não foi dito."
Peter Drucker

EMISSOR + MENSAGEM + RECEPTOR + *FEEDBACK* = COMUNICAÇÃO

Se o processo de comunicação é tão simples, por que o complicamos tanto? Por que o tornamos tão difícil e conflituoso? Por que fazemos do simples algo tão complexo?

A *resposta é simples*: não somos máquinas ou robôs que aceitam todas as mensagens recebidas como sinais de comando, a serem obedecidos sem questionamento. A máquina não tem atitudes preexistentes que poderiam entrar em conflito com as ideias do emissor; nem emoção que a distraia; nem idiossincrasias, vaidades e egos para serem alimentados.

Nós, seres humanos – classificados pela biologia como sapiens sapiens, ou seja, o ser que sabe que sabe –, temos uma vida interior ativa. Somos capazes de refletir sobre o ontem, avaliar o presente e projetar o futuro. Porém, não funcionamos apenas movidos pela razão. Muito pelo contrário, em nosso mundo interior, as emoções pressionam para se manifestarem, interferindo efetivamente no processo de comunicação. Muitas vezes, inclusive, essa interposição acontece de forma impulsiva, o que acaba por complicar ainda mais o que poderia ser simples e claro.

> **VERMELHO, BRANCO E AZUL**
>
> Augusto ainda não tinha encerrado o relatório financeiro da companhia que teria de ser apresentado em reunião de diretoria no dia seguinte. Estava totalmente absorvido por essa tarefa, quando recebeu um telefonema de sua esposa Maria Beatriz dizendo que estava com a maior dúvida na escolha da cor do novo estofado do sofá da sala. Laconicamente, Augusto respondeu: "querida, estou muito ocupado. A cor que você escolher estará ótima! Eu confio no seu bom gosto". Maria Beatriz, no entanto, não se dá por satisfeita e insiste de forma categórica: "Augusto, é importante que você me ajude a escolher a cor, não quero escutar reclamação depois". Contundente, Augusto retruca: "querida, não torre a minha paciência, a cor do estofado não me interessa, estou no fio da navalha para finalizar um relatório que já deveria estar pronto, desde ontem". Ela devolve: "interessa sim, senhor, a cor do nosso sofá também é muito importante!". Explosivamente Augusto grita: "vermelho, vermelho é ótimo! Tudo no vermelho e pronto, tá muito bom!". Nesse momento, passava pelo corredor da sua célula de trabalho o diretor financeiro da companhia, que ficou muito intrigado com o que acabara de escutar. Não podia entender a exaltação e a aprovação do Augusto para a situação grave que passava a empresa.
>
> Por uma triste coincidência, o relatório muito bem elaborado por Augusto, e já distribuído para a diretoria, mostrava que os resultados da companhia eram

> um dos piores de toda a sua existência, diga-se de passagem, devido a motivos totalmente alheios ao seu trabalho, que até então era muito elogiado e valorizado por todos na empresa.
>
> Durante a reunião, após a apresentação do resumo do relatório, o diretor financeiro cochichou algo no ouvido do presidente da companhia, que com uma expressão de surpresa e decepção balançou a cabeça negativamente. Augusto achou aquilo muito estranho. Além disso, após o término da reunião, nenhum diretor foi comentar detalhes do relatório com ele, o que era sempre de hábito. O presidente sequer olhou para a sua direção ao deixar a sala de reuniões.
>
> Ao chegar em casa, exausto, Augusto escuta de sua esposa: "escolhi o branco da paz para o estofado, o vermelho não ficaria nada bom em nossa casa." No dia seguinte, Augusto chega ao trabalho e fica sabendo que deveria se apresentar ao departamento pessoal, pois tinha recebido "bilhete azul".

A comunicação clara resulta em um encontro de ideias em vez de apenas uma troca de palavras. E não se pode realizar um encontro de ideias a menos que sejam dominadas as forças humanas descritas anteriormente. Essas forças tendem continuamente a desviar uma conversação de seu rumo. Em uma conversa, duas pessoas podem facilmente tomar rumos diferentes e falar sobre coisas diferentes. Cada pessoa aponta seus próprios problemas e estará liberando sua própria tensão, em vez de trabalhar no sentido de atingir um objetivo comum: a correta interpretação do que foi comunicado, seja direta ou indiretamente.

A CONVIVÊNCIA DAS DIFERENÇAS

A sociedade dita civilizada é o exemplo mais explícito da complicação na comunicação, exatamente pela falta de conscientização sobre a importância do relacionamento humano que se baseia, essencialmente, na convivência das diversidades.

Ao lermos textos sobre a biografia e o legado de Claude Lévi-Strauss para a antropologia, podemos perceber uma de suas principais conclusões: "somos diferentes, sim, mas podemos nos entender, porque nossas estruturas mentais funcionam da mesma maneira".

O pensamento e as constatações de Lévi-Strauss reforçam o fato de que as diferenças culturais são as mais diversas e peculiares, porém, os dilemas existenciais do ser humano são os mesmos. Tanto para um esquimó, um pigmeu, um empresário ou um operário, as aspirações por felicidade e os sentimentos de carinho, afeto, medo e coragem são iguais, o que mudam são os mitos, ritos, comportamentos e maneiras de manifestá-los. Por essa perspectiva, ele ressaltou que todo o significado produzido dentro de uma cultura é fruto das inter-relações humanas, que faz com que a realidade social seja construída por um conjunto extraordinariamente multidiversificado de relações.

Princípio básico da democracia, a convivência das diversidades é um dos principais obstáculos para a construção de realidades sociais, políticas, econômicas e empresariais mais justas e harmoniosas. Focando nos ambientes corporativos, podemos perceber que ainda há muito a evoluir em termos de relacionamentos harmoniosos e integrados. A competição predatória predomina em detrimento à cooperação e ao fortalecimento dos vínculos de relacionamento humano.

Realmente, falta muito bom senso ao ser humano. É impressionante como, apesar de toda a evolução do pensamento e os aparatos tecnológicos, ainda nos rastejamos em termos de convivência das diversidades, ou seja, em se tratando de relacionamento humano, somos verdadeiros trogloditas.

A sociologia, a antropologia e a psicologia social já produziram as mais diversas fundamentações conceituais para agirmos de forma mais humana e solidária. O alento espiritual proporcionado pelas religiões também poderia ter ajudado bastante o ser humano em sua busca de evolução e transcendência, se não houvesse a deturpação gerada pela disputa de poder nas esferas políticas e institucionais. Aos trancos e aos solavancos, persistimos nos trilhos da ignorância emocional, fortalecendo os princípios do eterno retorno das intolerâncias, conflitos e discriminações.

"Somos diferentes, sim, mas podemos nos entender, porque nossas estruturas mentais funcionam da mesma maneira."
Claude Lévi-Strauss, antropólogo, professor e filósofo francês

Os psicólogos costumam dizer que uma das reclamações mais comuns nos consultórios é a de que: "eles não me aceitam! Eles não me compreendem! Ninguém entende o que eu falo! Minhas palavras são distorcidas pelos meus interlocutores! Sou perseguido, por ser mais competente e criativo!".

Quantas vezes, em momentos de trabalho ou em conflitos familiares, já não pensamos assim: "por que eles não conseguem compreender o que eu compreendo? É tudo tão simples!"; "por que será que eles interpretam errado o que estou dizendo de forma tão clara e evidente?"; "por que fulano complica tudo?"; "por que sicrano não percebe a minha intenção em ajudá-lo"; "por que beltrano não faz as coisas da forma que eu oriento, com zelo e preocupação?".

Novamente, a resposta é simples: as pessoas percebem e interpretam as coisas e situações conforme sua carga de experiências, conhecimentos, crenças, valores, sentimentos, condicionamentos e vivência pessoal. Cada um tem um modo de perceber e interpretar o mundo, as palavras, os atos, os objetos e as ações de uma maneira diferente. Então, muitos dirão que o que era simples ficou complicado: "se cada um percebe uma coisa de forma pessoal e diferente, o processo de interação humana é inviável?".

Definitivamente, não. Muito pelo contrário, é a convivência das diferenças que torna a convivência humana instigante e motivadora. Como dizia o poeta gaúcho Mario Quintana, "cada ponto de vista é a vista de um ponto". E um mesmo ponto tem 360° para ser observado de posições diferentes, mas com alvos coincidentes. Logo, o que favorecerá a interação humana, mesmo com pontos de vista diferentes, será a abertura para o diálogo e a capacidade de conviver em grupo e trabalhar em equipe, respeitando e considerando as diferenças como colaborações que agregarão valor ao resultado final, que dará início a um novo processo de interação e construção de algo novo.

No caso da comunicação falada, é bom que o emissor utilize-se da linguagem do receptor, que é a que ele conhece e usa. E esta tem de ser baseada na experiência. Em outras palavras, de nada adiantará pedirmos para um economista explicar a um popular as influências das taxas de juros no processo inflacionário sem levar em consideração o interlocutor. Qualquer que seja o meio usado para a comunicação, a primeira questão a ser levada em conta é se o ato da comunicação está sendo realizado dentro dos limites de percepção do receptor. Não dá para falar com o balconista da padaria que por causa da demanda reprimida e dos altos índices das taxas de juros, o seu salário sofrerá um pequeno atraso, ou seja, não pode haver comunicação se não se souber o que o receptor conseguiu entender da mensagem. Por isso, antes de nos comunicar, devemos saber se o receptor tem a capacidade de ouvir, interpretar e decodificar a mensagem, sem comprometer ou distorcer o seu conteúdo.

A conclusão desse pequeno caso é que nossos comportamentos e nossas ações estão pautadas na forma como percebemos o outro e o contexto que nos envolve. E, assim, como a percepção dessa realidade é individual e subjetiva, e baseada em crenças e valores que adquirimos ao longo da vida, tendemos a considerar a percepção como sendo a única e verdadeira, esquecendo que o outro também tem a sua forma peculiar

PERCEPÇÃO SEM PRECONCEITOS

Durante o intervalo de um seminário de administração, Ana Sofia, executiva de uma grande multinacional de cosméticos, é apresentada a Maria Elisa, diretora de uma conceituada empresa de brinquedos. Segundo seu nível de percepção, Ana Sofia poderá pré-julgar a sua interlocutora:
- Considerá-la simpática pela forma como se apresentou e tratá-la cordialmente e com abertura para a troca de informações sobre as atuações de suas empresas.
- Achá-la esnobe, pois, ao se cumprimentarem, Maria Elisa olhou para o lado oposto ao seu e, por essa razão, considerou-se destratada, o que motivará uma atitude de rejeição a um contato mais receptivo.
- Julgá-la antipática pela forma presunçosa com que se sentiu tratada ao serem apresentadas e assumir uma atitude refratária a uma maior aproximação.
- Considerá-la uma pessoa interessante pela forma carinhosa como foi recebida e cumprimentá-la com sorrisos e sugestões de assuntos para conversarem, buscando possíveis afinidades para a realização de negócios entre suas empresas.

de perceber. Daí a função primordial do fenômeno da percepção no processo de comunicação humana.

Só podemos compreender as outras pessoas se formos capazes de aceitar as diferentes percepções da realidade e considerá-las, sem fazermos delas empecilhos para novas descobertas sobre as qualidades e afinidades de nossos interlocutores.

O grande psicólogo norte-americano Jesse Nirenberg, um dos pioneiros da aplicação das técnicas da comunicação nas empresas, costumava destacar em suas palestras e livros, no início dos anos 1950, a importância de se adquirir sensibilidade quanto ao conteúdo implícito da conversação. Ele ressaltava a necessidade de, quando envolvidos em uma dinâmica de comunicação, desenvolvermos o hábito de perguntarmos a nós mesmos: *por que ele está dizendo isso? O que está subentendido nisso?*

Segundo Nirenberg, cada linha de comunicação transmite várias mensagens simultaneamente. Uma dessas mensagens é comunicada por meio do sentido das palavras. É a mensagem explícita, ou seja, denotativa, que tem valor comum a todos os usuários da língua, pois reflete a compreensão solidificada pelo ambiente cultural e independe de interpretações individuais. Ela é objetiva e desempenha uma função factual. Em tese, é o tipo de comunicação que deveria ser utilizado pelos meios noticiosos.

Por outro lado, existe a mensagem conotativa, cujo sentido das palavras ou expressão é constituído por elementos subjetivos, variáveis conforme o contexto e capacidade de interpretação do interlocutor. A significação neste caso sofre variações particulares de um indivíduo para o outro, ganhando valores secundários. Opondo-se à denotação – significação de base e comum a todos os falantes – a conotação abrange o conjunto de significações associadas que a palavra desperta num indivíduo, grupo, classe ou comunidade.

Diante dessas variáveis, Nirenberg considerava fundamental o cultivo do hábito de analisar continuamente o motivo e a intenção das mensagens, por meio de questionamentos que devemos fazer a nós mesmos: *o que o interlocutor quer dizer além do que está explicitamente comunicando? Qual o seu intuito ou razão para abordar tal assunto dessa maneira?*

"As mesmas palavras produzem imagens mentais diferentes em pessoas diferentes. Realimente sua interpretação daquilo que está sendo dito e procure fazer com que a outra pessoa aja da mesma maneira."
Jesse Nirenberg
psicólogo norte-americano, precursor da abordagem das técnicas de comunicação no meio empresarial, a partir dos anos 1950.

A SUTILEZA DA PERCEPÇÃO

Duas gerentes de sucursais de uma grande loja de roupas e artigos para jovens, Maria Fernanda e Yasmin, que não se conhecem pessoalmente, embora trabalhassem para uma mesma organização, encontram-se em uma sala de espera para uma entrevista de seleção, que indicará uma das duas para ocupar o cargo de gerente na sede da empresa. Ambas percebem os objetos que compõem o ambiente, observam – de cima a baixo – a presença uma da outra e trocam um seco "oi".

O primeiro passo da comunicação, então, é a percepção. A percepção é um fenômeno de informação sobre o meio ambiente. Perceber é conhecer, por meio dos sentidos, os objetos, as singularidades das pessoas e os detalhes que configuram uma situação.

No caso dos estímulos que vêm de fora, o homem sente a realidade que o rodeia por meio de seus sentidos – visão, audição, olfato, tato e paladar –, e assim percebe as palavras, gestos, sons, expressões faciais, cheiros e gostos que lhe são apresentados.

Surge uma questão: Maria Fernanda e Yasmin percebem da mesma maneira a situação e os objetos?

Não, é impossível que Maria Fernanda e Yasmin percebam a realidade exatamente da mesma maneira, pois a bagagem cultural e mental de Maria Fernanda e de Yasmin possuem referenciais diferentes de educação familiar, experiências, conhecimentos, valores, crenças, atitudes, talentos, habilidades etc. Cada uma tem uma bagagem cultural e vivencial diferente. Isso faz com que a percepção seja seletiva, com cada uma dando mais valor para aspectos que lhe são pessoalmente mais relevantes, conforme a sua vivência e conveniência momentânea.

A princípio, a própria percepção física da realidade cria diferenças entre Maria Fernanda e Yasmin.

O que foi percebido entra em um processo de confrontação com as referências que consolidam a realidade interior de Maria Fernanda e de Yasmin. Esse processo de seleção e transformação interna da informação percebida chama-se interpretação e sua resultante é o significado pessoal que Maria Fernanda e Yasmin atribuem ao percebido, seja ele objeto, pessoas, situações, acontecimento, opiniões, pensamentos etc.

Mas Maria Fernanda e Yasmin também interpretam-se mutuamente: Maria Fernanda forma um pré-conceito de Yasmin, e ela, por sua vez, forma uma imagem de Maria Fernanda, como parte de sua interpretação do percebido. Maria Fernanda achou Yasmin "metida a executiva muito competente" e Yasmin achou Maria Fernanda "tipo moderninha *fashion*, convencida de que sabe de tudo o que é novidade e tendência no mundo da moda".

Nesse caso, ambas lançaram mão do catálogo de categorias humanas que cada uma possuía. Essas categorias simplistas que todos nós usamos são chamadas de estereótipos. Temos o estereótipo do competente, do intelectual, do "bitolado", do trapalhão, do doidão, do moderninho, do centralizador, do autoritário etc. Inicialmente, então, a imagem que cada pessoa tem da outra é estereotipada, isto é, superficial, precipitada e temporária. Geralmente, com o convívio e o diálogo, nossas classificações são totalmente alteradas e percebemos o quanto fomos preconceituosos e inábeis em pré-classificar as pessoas pela simples aparência.

A INTENÇÃO NA COMUNICAÇÃO

Na comunicação, há sempre uma intenção básica: como fonte codificadora, certamente o emissor espera que o receptor selecione a sua mensagem, a compreenda, a aceite e, finalmente, a aplique.

Por sua vez, o receptor ao decodificar a mensagem também tem uma intenção básica. Ele deseja selecionar o que é importante para ele. Dessa forma, vai direcionar a sua compreensão e avaliação, para depois decidir se aceita ou não o conteúdo transmitido, e aplicar o que achar válido na mensagem.

As intenções específicas do conteúdo de uma mensagem são as mais variadas, podendo ser: informar, ensinar, educar, divertir, dar ordens, chocar, amedrontar, preocupar, fazer rir, fazer chorar etc.

Ao emitir uma mensagem, toda pessoa tem um julgamento peculiar e sua impressão subjetiva sobre situações e interlocutores do seu relacionamento pessoal e profissional, que afetarão o seu comportamento das mais diversas formas de manifestação, que poderão expressar: paciência, compreensão, amor; ódio, tolerância, simpatia, antagonismo, divergências; superioridade, submissão, subserviência, obediência, insubordinação, revolta, cinismo, preconceito etc.

Na comunicação humana, o emissor seleciona o que vai transmitir conforme as suas necessidades, desejos e idiossincrasias. Muito do que poderia acrescentar é sonegado com o intuito de favorecer aquilo que parece melhor para o seu lado. Tanto um indivíduo como uma empresa costumam revelar apenas as informações que lhes convêm no momento. No caso das empresas, essa é uma forma de infringir o direito à informação, que todo o cidadão brasileiro tem garantido pela Constituição Federal.

ERRO NA PERCEPÇÃO: MARTELO GOELA ABAIXO

Aurélio estava precisando de um martelo para finalizar o conserto de uma cadeira de balanço. O seu martelo estava perdido em uma garagem cheia de entulhos. De repente, teve a grande ideia de pedir a ferramenta emprestada ao vizinho, Dr. Buarque.

Ao se arrumar para ir até o vizinho, Aurélio começou a confabular consigo mesmo: "o Dr. Buarque é rabugento e vai inventar uma desculpa esfarrapada para não emprestar o martelo". Já saindo do jardim de sua casa, Aurélio pensou novamente: "o safado do Buarque vai abrir a porta com a cara emburrada e dizer que não tem martelo algum".

Chegando na porta da casa vizinha, Aurélio parou, vacilou, coçou a cabeça e imaginou o Dr. Buarque reclamando que estava dormindo e que não sabia onde estava o seu martelo. No entanto, Aurélio fez questão de bater a porta com determinação. Quando o Dr. Buarque a abriu todo sorridente, com uma fisionomia simpática e atitude amiga, Aurélio foi logo dizendo: "olha aqui, Buarque, pega o seu martelo e enfia goela abaixo, que eu não estou precisando de nada emprestado por você".

FEEDBACK: SEM RETORNO NÃO HÁ COMUNICAÇÃO

> "Em muitas de minhas pesquisas e experiências, que se revelaram um verdadeiro sucesso, tive de esperar em vão qualquer tipo de retorno que pudesse ajudar o processo de rapidez do meu trabalho. É impressionante como o ser humano não se importa em responder às suas cartas e questionamentos enquanto você não é uma pessoa reconhecida e famosa."
>
> Thomas Edison (1847-1931)
> inventor e físico norte-americano, com mais de mil patentes registradas, entre elas a do fonógrafo e a da lâmpada incandescente

Um dos principais empecilhos para a melhoria da qualidade e produtividade dos projetos e processos de trabalho identificados pelas maiores empresas de auditorias de qualidade internacionais é a falta de *feedback* no processo de comunicação organizacional e humano. Podemos comprovar esse fato no nosso dia a dia familiar e profissional, sem a menor dificuldade.

O retorno (*feedback*) é o que garantirá a realimentação da comunicação e o prosseguimento do fluxo de mensagens. Indícios informativos (percebidos pelo emissor) da reação do receptor ante a mensagem que lhe foi transmitida são fundamentais para adequar a mensagem ao repertório do receptor, tornando-a inteligível dentro da sua capacidade de interpretação. É fundamental também para os acertos das falhas e dos possíveis erros no processo da comunicação.

Como já observamos, a comunicação é um ato que precisa envolver compreensão mútua entre emissor e receptor. A comunicação só pode ocorrer se houver *feedback*. Sem ele, o emissor não terá como conferir a adequação e eficácia da transmissão da sua mensagem.

O retorno é fundamental

A comunicação, antes de ser instrumental, é humana. Necessita de resposta para se realizar, pois a informação sem retorno é uma comunicação falha e incompleta. Infelizmente, de um modo geral, é a comunicação formal e burocrática que as empresas mais utilizam no seu cotidiano. Há uma grande preocupação com a eficácia dos mecanismos de transmissão da mensagem e não, propriamente, com a reflexão e a compreensão do seu conteúdo e, consequentemente, com a mobilização e retorno engajado. Dessa forma, fica difícil motivar pessoas e equipes para superar desafios e alcançar metas.

Em geral, toda a preocupação está centrada na notícia escrita, nas circulares, nos boletins, nos memorandos, nos avisos, nas ordens de serviço e nos manuais de procedimentos. É comum inclusive encontrarmos comunicações deficitárias em empresas com sofisticadas estruturas e diversificados produtos de comunicação empresarial, como jornais de funcionários – impressos e virtuais, tipo *on-line* –, intranet e circuito interno de rádio e televisão.

Ao pesquisarmos o conhecimento real dos destinatários sobre as informações veiculadas por esses meios, verificamos que o nível de ignorância era bem maior do que o imaginado. Chegava-se ao ponto de alguns funcionários desconhecerem até mesmo as nomenclaturas e objetivos dos principais projetos e processos da sua área de atuação na empresa. A falta do hábito de leitura, de curiosidade e de motivação estava diretamente relacionada à cultura da empresa, que não incentivava a troca de ideias e informações entre os seus funcionários, embora, para o público externo, passasse a ideia de uma organização moderna, pois possuía muitos produtos de marketing e divulgação institucional (jornais, folhetos, vídeos, sites, e anúncios em revistas e televisão).

Tantos eram os instrumentos de informação que, em alguns casos, nem se sabia identificar qual o objetivo específico da sua existência ou, tampouco, avaliar a sua relação de custo e benefício.

> *Não adianta e-mails, intranet e telefones celulares. Sem feedback e contato humano a comunicação é sempre precária e ineficaz.*

A falta de retorno acabava gerando erros e falhas de comunicação que comprometiam seriamente a produtividade e resultados da empresa. Não se pressentiam as insatisfações acumuladas, por falta de fluxo de retorno. A informação ocorria por via descendente e, as respostas, quando não formalmente provocadas, ocorriam ao acaso.

Nenhuma tecnologia, por mais sofisticada que seja, envolvendo todo o rigor científico, supre as deficiências no relacionamento humano, geradas muitas vezes por culturas que não privilegiam a abertura para o diálogo e a conversação. Não adianta *e-mails*, intranet e telefones celulares. Sem *feedback* e contato humano, a comunicação é sempre precária e ineficaz.

Sem *feedback* não há realimentação na comunicação, o que acaba por inviabilizar a eficácia do ato, ou seja, a compreensão por parte do receptor do que o emissor quis transmitir. Sem contato humano não há interação com o interlocutor ou compreensão das diversas nuanças e facetas que uma mensagem pode conter, além das palavras que a compõem.

A comunicação é um processo que se realiza em dois sentidos. As mensagens caminham em uma conversação em ambos os sentidos. Todos são codificadores e decodificadores ao mesmo tempo, quando em um ato de comunicação. Isso significa dizer que devemos encontrar o caminho para expressar nossas ideias e, ao mesmo tempo, ouvir o que o outro tem a dizer. Além disso, devemos perceber o que significa o que o outro está dizendo, dentro do seu ponto de vista e contexto de vida. Podemos ter repertórios e bagagens culturais diferentes e nos fazermos compreender perfeitamente. Basta termos ouvidos para escutar o que o outro tem a dizer, levando sempre em consideração o seu contexto cultural e formação educacional.

Somos, todos os dias, intérpretes de mensagens. Se todos recebessem nossas mensagens exatamente como pretendemos dizê-las, com o significado que a elas emprestamos, haveria poucos problemas de relacionamento entre as pessoas. Mas isso não acontece. Quando examinamos as questões ligadas à percepção, verificamos que todos nós temos diferentes formas de experiências e, assim, fazemos diferentes espécies de presunções a respeito do que foi comunicado. Enfim, por mais objetiva e factual que seja a mensagem, a sua interpretação será filtrada pela subjetividade e emoção do receptor.

*"O maior problema na comunicação
é a ilusão de que ela foi consumada."*
George Bernard Shaw, dramaturgo e escritor irlandês (1856-1950)

FEEDBACK: O RETORNO DA MENSAGEM

O conceito *feedback* é originário da teoria de sistemas e significa, na tradução literal, retroalimentação, isto é, processar informações e transmiti-las ao sistema para a continuidade do seu funcionamento. Em outras palavras, é o retorno da informação.

O *feedback* favorece o emissor a apurar os resultados obtidos na transmissão da mensagem, em relação aos seus objetivos iniciais. No relacionamento entre pessoas, é dado *feedback* quando se oferece ao outro oportunidade para explorar alternativas sobre o que percebemos a respeito dele, e é recebido *feedback* ao perceber-se como o outro reage a nós. Nesse sentido, o *feedback* nos permite ver, como num espelho, em um enfoque crítico, a adequação ou a inadequação de nossas ideias, sentimentos ou ações.

Fonte: *Dicionário de comunicação*, de Carlos Alberto Rabaça e Gustavo Barbosa. São Paulo: Ática, 1987.

O *feedback* é um processo que promove mudanças de atitudes, comportamentos e pensamentos. É a realimentação da comunicação a uma pessoa ou grupo, no sentido de fornecer-lhe informações sobre como sua atuação está afetando outras pessoas ou situações. O *feedback* eficaz é aquele que ajuda pessoas ou grupos a melhorarem seus desempenhos e assim alcançar seus objetivos e metas.

Damos *feedback* para:

- Aprovar ou reprovar a mensagem recebida.
- Revelar entendimento e compreensão da mensagem enviada.
- Demonstrar inteligência e habilidade.
- Expressar consideração e respeito.
- Repreender ou elogiar o interlocutor.
- Desabafar e sentirmo-nos aliviados.
- Ajudar outra pessoa a alcançar seus objetivos de maneira mais efetiva.

Algumas dificuldades em receber *feedback*:

- Falta de abertura para o diálogo.
- É difícil dar *feedback* a uma pessoa que não está preparada para recebê-lo ou não perceba a necessidade e importância da retroalimentação na comunicação.
- Uma pessoa pode solicitar *feedback*, porém, a rigor, pode preferir não recebê-lo, por sentir-se despreparada para receber comentários sobre suas ideias ou críticas a seu respeito.
- As pessoas têm a tendência de perceber apenas o que lhes convêm, aquilo que se relaciona diretamente com o seu mundo pessoal.
- O interlocutor esquece, rejeita, reprime a mensagem, ou porque ela contém elementos que não lhe interessam ou porque lhe são ameaçadores e contradizem aquilo que prefere.
- A tendência a distorcer e alterar a mensagem recebida a favor da sua conveniência.
- Julgamentos e preconceitos a respeito do emissor ou mesmo da mensagem, antes de examinar o seu conteúdo.
- A dificuldade em pedir esclarecimentos, mesmo havendo dúvidas quanto ao conteúdo da mensagem.

Algumas dificuldades em dar *feedback*:

- Desconhecimento do assunto em questão.
- Falta de esclarecimento dos objetivos do retorno.
- Inexistência de meios de comunicação apropriados.
- Falta de ambiente e de cultura favorável ao diálogo.
- Incompreensão do receptor para a linguagem e conceitos utilizados.
- Inibição, introversão ou dificuldades em expressar-se.
- Inabilidade em perceber o momento e a ocasião mais adequada.
- Medo de magoar e desapontar o interlocutor.
- Receio de receber punições, retaliações ou reações de inimizades.
- Temor de ser mal interpretado.
- Quando a cultura tem certas normas contrárias à expressão de sentimentos pessoais aos outros.

Reações ao *feedback*

As pessoas costumam reagir das seguintes maneiras:

Positivas
- Escutam com atenção, buscando a correção dos erros e adequação da mensagem.
- Recebem o retorno na comunicação como um sinal de amizade e confiança.
- Motivam-se para a realização de uma atividade, projeto ou trabalho.
- Sentem-se valorizadas e respeitadas.

Negativas
- Preferem não ouvir o que lhes é dito – recepção seletiva.
- Duvidam dos motivos da pessoa que lhe dá o *feedback*.
- Negam a validade dos dados do *feedback*.
- Racionalizam, procurando justificar seu comportamento.
- Atacam as pessoas que lhes dão *feedback*, apontando-lhes também alguns de seus erros.

Feedback é um bom negócio

É muito importante obter *feedback*. Existem muitos métodos para descobrir o que os clientes, parceiros e fornecedores pensam ou sentem sobre os serviços e produtos de sua empresa.

Por meio do *feedback* podemos identificar necessidades e responder aos seguintes questionamentos:

- Qual a demanda do cliente?
- Do que ele precisa?
- O que ele pensa?
- O que ele sente?
- Está ou não satisfeito?
- Que sugestões teria para apresentar?

Como receber *feedback*

- Ouça cuidadosamente e evite interromper.
- Saiba que é incômodo e, às vezes, até doloroso. Respire fundo para relaxar e escutar.
- Faça perguntas se precisar esclarecer alguns aspectos.
- Reformule o que o outro está lhe dizendo, para que confira se ouviu e entendeu.
- Reconheça o que é correto e adequado no *feedback*. Concordar que seus relatórios estão atrasados é bem diferente de concordar que você é irresponsável.
- Assimile, com calma o que ouviu. Peça tempo para pensar, se necessário.

EFICÁCIA NA COMUNICAÇÃO

Segundo o Opinion Research Corp. International (ORCI) – um dos principais institutos americanos de pesquisa – as principais causas que impedem um sistema eficaz de informações nas organizações são as seguintes:

a) *Critério vicioso:* os escalões gerenciais em geral já recebem a informação por "filtros", o que acaba por favorecer a distorção sobre a realidade dos fatos.
b) *Símbolo de status:* muitos chefes retêm informações na pretensão de que com isso tornem-se mais importantes, transmitindo-as, muitas vezes, apenas quando as mesmas podem garantir-lhes prestígio junto aos subordinados. Acredita, dessa forma, que a "confiabilidade" que atribuem às informações reforçam seu poder.
c) *Escamoteação de informações para obter vantagens pessoais:* não revelam informações que possam ser úteis a possíveis concorrentes.
d) *Criação de "abismos":* profissionais que mantêm "distância" com os subordinados, inibindo-os à manifestação e, com isso, limitando as comunicações ao fluxo descendente.

e) *Rivalidades interdepartamentais:* divergências, mal-entendidos ou especializações exageradas geram, com frequência, permanentes rivalidades no trabalho e comunicações deficientes.

Todos os itens conclusivos da pesquisa reforçam o sentido de que o essencial para uma comunicação válida e produtiva é um clima de bom entendimento entre pessoas, em grande parte, favorecido por um ambiente de abertura para o diálogo, que, quase sempre, é sustentado por uma cultura de participação e valorização humana.

Podemos concluir que as comunicações eficientes começam nas relações humanas e pressupõem uma organização democrática e integrada. Dentro dessa realidade empresarial, as pessoas costumam ter bem definidas as seguintes questões:

- *Quem é quem:* posição na empresa.
- *O que se quer:* objetivos e metas.
- *Como se quer:* diretrizes e processos.
- *Quem quer realizar:* motivação para o trabalho.

Assim, para que a comunicação se complete com segurança e eficácia, torna-se fundamental que o transmissor saiba o que quer dizer e o diga objetiva (somente o essencial), sucinta (mínimo de palavras) e claramente (sem risco de dúvidas).

Uma orientação prática é:

a) *Na linguagem falada:* observar as reações dos interlocutores e formular perguntas.
b) *Na linguagem escrita:* apresentar conclusões e depois justificá-las.

É vital ter meios de avaliar as consequências da comunicação, sem o que não se pode ter segurança sobre seus resultados. A informação de retorno (*feedback*) é imprescindível para dar fidedignidade ao processo e corrigir possíveis distorções.

Há uma série de fatores que podem prejudicar essencialmente o processo:

a) *Hábitos arraigados:* conceitos preconcebidos, fruto de experiências individuais de caráter profissional ou cultural.
b) *Situações psicológicas:* o estado emocional, tanto do transmissor quanto do receptor, exerce influência decisiva na qualidade do processo.
c) *Mitos:* situações "clichês", nas quais a realidade é obscurecida por crenças inconsistentes. É quando a pessoa confunde ficção e imaginação com realidade.
d) *Generalizações:* o hábito de se analisar as situações sob uma ótica simplificada em que as semelhanças se sobrepõem às diferenças.
e) *Frustração:* o transmissor, vivendo uma situação de desajustamento, em face de interesses contrariados, ressentido e desmotivado, tem grande possibilidade de distorcer a mensagem.

A comunicação, portanto, exige para sua inteireza e objetividade um clima saudável na empresa com as pessoas informadas, integradas e atuantes.

A COMUNICAÇÃO COMO PROCESSO

Como pudemos observar neste primeiro capítulo, a percepção é o filtro da comunicação – a compreensão mútua só se dá quando somos capazes de compreender as diferentes percepções.

A ampliação da percepção ocorre com o processo de abertura para conhecer o desconhecido, a existência de outras possibilidades, de outras verdades. Para começar a conhecer algo novo, precisamos primeiro perceber que há algo que não conhecemos. Que há algo que podemos vir a conhecer se estivermos abertos para o diálogo e a conversação.

REUNIÃO DO BARULHO

João Pedro, diretor-executivo da Lesk Radical Sports, uma das melhores revendedoras de artigos esportivos e *surfwear* de uma grande capital brasileira, resolveu convocar, em caráter de urgência, todos os gerentes (vamos identificá-los como G1, G2, G3...) das 20 lojas próprias que englobam a empresa, para uma reunião de trabalho.

João Pedro iniciou o encontro de trabalho apresentando os bons resultados da empresa, que fortaleciam o prestígio e a boa reputação da sua marca, que patrocinava dois atletas olímpicos medalhistas de ouro e o atual campeão mundial de surfe em ondas grandes. Porém, nos últimos 2 meses, as reclamações ao Serviço de Atendimento ao Cliente (SAC) vinham aumentando progressivamente. Cerca de 90% das reclamações eram relacionadas ao atendimento displicente e desatencioso dos gerentes. João Pedro cedeu a palavra aos participantes com a simples indagação: por que isto está acontecendo?

G1 foi logo falando que o sucesso das lojas envaidecia muito os gerentes, que ficavam mais preocupados em cortejar as clientes bonitas e famosas. Logo em seguida, G8 falou que isso era balela, o problema estava na falta de um bom manual de procedimentos. Antes de interromper sua opinião, G5 disse que manual era coisa para criança e escoteiros e que os gerentes necessitavam mesmo era de um vigoroso plano de ação estratégica. G18 atropelou suas palavras vociferando que ação estratégica era atender bem o cliente e isso a maioria dos gerentes não sabia fazer por pura falta de educação. G15 disse gritando que muitos dos gerentes não tinham nem 20 anos e eram muito imaturos e arrogantes. G9 pediu a palavra, tentando contemporizar a situação conflituosa estabelecida, pedindo um pouco mais de calma e tolerância entre os participantes para que cada um pudesse escutar o que o seu colega teria a dizer até o final. Ele foi logo taxado de demagogo e puxa-saco do chefe. E o barraco continuou rolando...

Depois de mais 2 horas de acusações e desentendimentos, João Pedro resolveu interromper a reunião de forma categórica e objetiva:

– Já deu para perceber muito bem qual é o motivo de tantas reclamações ao SAC. Falta à maioria dos nossos gerentes tolerância e capacidade para ouvir. Todos vocês passarão por um programa de treinamento e desenvolvimento nas áreas de comportamento, relacionamento humano e comunicação com o público. A sorte é que a reputação da nossa marca é sólida e ainda teremos tempo para corrigir essa nossa tremenda falha, arrematou o diretor-executivo da Lesk.

> O exemplo dessa atabalhoada reunião, que teve um desfecho promissor, reforça alguns pontos já abordados anteriormente. O que determina o modo de relacionamento entre as pessoas num grupo de trabalho é a forma como as diferenças são encaradas e tratadas. Se houver no grupo respeito pela opinião do outro, tolerância pelos pontos de vista contrários, se a ideia de cada um é ouvida, se os sentimentos pudessem ser expressados e respeitados, então o relacionamento entre as pessoas tenderia a ser diferente daquele onde não existe troca de informações e aceitação do outro.
>
> O modo de tratar as diferenças individuais fortalece um ambiente de companheirismo entre as pessoas, que será determinante sobre a qualidade do entrosamento de um grupo, o que se refletirá nos processos de comunicação, no relacionamento interpessoal, no comportamento organizacional e na produtividade.
>
> Se as diferenças são respeitadas, consideradas e aceitas, a comunicação fluirá fácil em dupla direção. Onde há tolerância, as pessoas ouvem as outras, falam o que pensam e sentem e têm possibilidades de dar e receber *feedback*. E, onde há *feedback*, há comunicação, há relacionamento humano, há total capacidade para superar desafios e alcançar resultados cada vez maiores e melhores.

REAPRENDENDO A SE RELACIONAR

Todo e qualquer relacionamento está baseado em um processo de comunicação entre ambas as partes. Logo, se nos comunicamos melhor, nosso relacionamento será melhor e compreenderemo-nos melhor. Se a questão coloca-se na capacidade de comunicação, então, o que precisamos aprender para superar as dificuldades e realmente desenvolver esta habilidade?

Para responder, é bom lembrar que não há percepção sem sensação. Perceber é conhecer através dos cincos sentidos. Toda informação é transmitida e recebida por meio dos cinco sentidos. E como a percepção é o filtro da comunicação, então como primeiro aprendizado precisamos desenvolver a capacidade de percepção sensorial. É preciso abrir mão de crenças e valores limitantes e reaprender a ver, a ouvir e a sentir o outro com profundidade. Dessa forma, estaremos respeitando o outro e estabelecendo uma relação de confiança. O filósofo Merleau-Ponty costumava dizer a seus interlocutores "a verdadeira filosofia é reaprender a ver o mundo". Parafraseando-o: a verdadeira comunicação é reaprender a se relacionar.

O bom relacionamento é determinado pela capacidade de interagir e conviver com diferentes padrões de cultura, pensamento e comportamento. Logo, se nos comunicamos melhor, nossos relacionamentos e nossa capacidade de entendimento interpessoal serão bem melhores.

Paulo Freire procurava reforçar em suas palestras que o verdadeiro educador era aquele que buscava incentivar a busca do conhecimento pela capacidade de "leitura do mundo", fruto da riqueza dos relacionamentos humanos à procura do saber pensar e do saber fazer.

No que se refere ao modo de relacionamento entre pessoas em um grupo de trabalho, a eficácia na comunicação é determinada pela forma como as diferenças são encaradas e tratadas. Por exemplo: se houver no grupo respeito pela opinião do outro; se a ideia de cada um é ouvida e considerada; se os sentimentos puderem ser expressos sem repreensão ou ironia, então o relacionamento entre as pessoas tenderá a ser mais espontâneo e sincero, diferente daquele em que não existe troca de informações e aceitação do outro. Com certeza, o grupo sairá ganhando, ou seja, todos se sentirão respeitados e considerados.

Se as diferenças são aceitas e tratadas em aberto, a comunicação flui facilmente em dupla direção, as pessoas ouvem as outras, falam o que pensam e sentem e têm possibilidades de dar e receber *feedback*.

É preciso reconhecer a importância do *feedback* como um processo de ajuda para mudança do seu comportamento e como um processo de crescimento para você e para o outro.

O sucesso máximo em uma situação de *feedback* ocorre no momento em que ao dar *feedback* para você, eu me torno consciente de que ele também é útil para mim. Vale a pena repetir o que falou nossa grande e humilde poetisa goiana Cora Coralina: "feliz aquele que transfere o que sabe e aprende o que ensina".

Comunicação é vida, é emoção, é sentimento, é plenitude humana. Não perca a oportunidade de ouvir e falar com todo o seu ser: ouvidos, boca, consciência, coração, corpo e espírito.

> **A vida de cada um**
> *"O boneco de pano*
> *do guri*
> *percebeu*
> *que podia*
> *mexer com os olhos.*
> *Hoje*
> *Estão procurando por ele*
> *Pela casa inteira."*
>
> Felipe Tadeu, jornalista e poeta

EXERCÍCIOS

Sugerimos que os exercícios sejam realizados em pares ou em grupos. Alguns podem ser feitos individualmente, se o leitor preferir. Mas acreditamos que, com o diálogo e a troca de impressões, o conteúdo dos exercícios será mais bem absorvido e compreendido pelos praticantes.

1. Um grupo de pessoas prepara-se para desenhar numa folha de papel uma série de figuras que lhes serão comunicadas. Em uma primeira etapa, é proibido fazer perguntas ao comunicador ou pedir-lhe repetição das instruções. Passa-se, então, a descrever verbalmente a seguinte série de retângulos com suas respectivas posições:

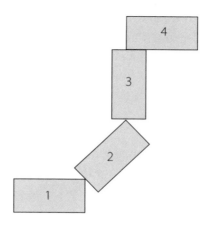

Descrição a ser falada para os participantes:

a) O primeiro retângulo é colocado como base em posição horizontal.
b) O segundo retângulo será colocado na posição vertical, inclinado para o lado direito com o ponto central da sua base encostado no vértice superior direito do primeiro retângulo.
c) O terceiro retângulo será colocado na posição vertical, equilibrado no vértice superior do retângulo 2.
d) O quarto retângulo será colocado em posição horizontal a partir da metade do lado superior direito do terceiro retângulo.

Em uma etapa seguinte, a mesma descrição será repetida, porém, todos os participantes poderão fazer perguntas, pedir repetições mais detalhadas das instruções ou explicações para dúvidas persistentes.

Conclusão dos resultados a ser discutida com os participantes: o *feedback* garante os melhores resultados.

Embora a transmissão sem permitir perguntas realize-se em menos tempo do que a que oferece oportunidades de retorno e feedback, poucos desenham a primeira série de retângulos corretamente. Na etapa aberta para perguntas e *feedback*, porém, a maioria dos participantes consegue desenhar a formação corretamente.

2. Escolha um tema polêmico sobre o qual você já tenha opinião formada e desenvolva discurso de defesa e apologia contrário ao julgamento, que você já tem definido. Essa é uma forma de compreendermos melhor a importância da convivência das diversidades. Opiniões contrárias não devem significar o estabelecimento de conflitos, mas a construção de um ambiente de diálogo e conversação.

Sugerimos a abordagem de alguns temas, como: o estabelecimento da pena de morte; descriminalização das drogas; reforma agrária; comunismo versus capitalismo; criação de uma campanha mundial para erradicação da fome e da miséria nos países do terceiro mundo.

3. Descreva – usando a sua criatividade e imaginação – como seria um dia, na sua cidade, se todos os meios de comunicação deixassem de funcionar. Imagine se nenhuma emissora de rádio e de televisão pudessem ser sintonizadas; se os jornais não fossem publicados; se os telefones ficassem mudos e se todos os provedores de internet entrassem em pane. Nem mesmo os rádios de curta frequência, interfones e circuitos internos de televisão funcionassem. Quais seriam as consequências para a sociedade? Quais os problemas mais sérios a serem enfrentados pelas pessoas nos mais diversos campos de atuação? Que fazer para atenuar as consequências?

4. *Feedback* para a sua auto-avaliação: leia as questões e avalie-se em relação a cada uma das características apresentadas. Entregue o questionário a seguir a outra pessoa com quem se relaciona habitualmente para que ela responda sobre você, sem que ela conheça as suas respostas anteriores. Dessa forma, você terá a oportunidade de receber um *feedback*.

1) Você é uma pessoa aberta ao diálogo?
(a) sempre (b) quase sempre (c) raramente (d) nunca
2) Você permite que o outro se expresse sem interrompê-lo?
(a) sempre (b) quase sempre (c) raramente (d) nunca
3) Você escuta as "entrelinhas", aquilo que as pessoas querem dizer além das palavras?
(a) sempre (b) quase sempre (c) raramente (d) nunca
4) Você se esforça para desenvolver sua habilidade em reter informações importantes?
(a) sempre (b) quase sempre (c) raramente (d) nunca
5) Você é simpático com seus interlocutores?
(a) sempre (b) quase sempre (c) raramente (d) nunca
6) Ao contar um acontecimento ou explicar uma situação você é claro e paciente para responder as dúvidas que possam surgir?
(a) sempre (b) quase sempre (c) raramente (d) nunca

7) Ao rememorar um acontecimento qualquer você se preocupa em indicar e registrar os fatos mais importantes?
   (a) sempre (b) quase sempre (c) raramente (d) nunca
8) Você é claro e objetivo em suas explicações e argumentações?
   (a) sempre (b) quase sempre (c) raramente (d) nunca
9) Ao perceber que está errado costuma mudar de opinião?
   (a) sempre (b) quase sempre (c) raramente (d) nunca
10) Costuma repetir para o seu interlocutor os detalhes essenciais de uma conversa, antes que ela chega ao fim, visando a confirmar a intenção da mensagem comunicada?
    (a) sempre (b) quase sempre (c) raramente (d) nunca
11) Em uma conversa informal, entre amigos, você respeita as opiniões contrárias às suas?
    (a) sempre (b) quase sempre (c) raramente (d) nunca
12) Costuma tornar-se hostil ou irônico quando o ponto de vista do seu interlocutor difere do seu?
    (a) sempre (b) quase sempre (c) raramente (d) nunca
13) Quando em grupo, costuma escutar com atenção e interesse o que as outras pessoas têm a dizer?
    (a) sempre (b) quase sempre (c) raramente (d) nunca
14) Você consegue manter uma conversação polêmica sem enveredar para o bate-boca?
    (a) sempre (b) quase sempre (c) raramente (d) nunca
15) Você expressa suas ideias com clareza e objetividade?
    (a) sempre (b) quase sempre (c) raramente (d) nunca

Recomendações

Ao comparar os resultados dos questionários procure fazer uma reflexão sobre os pontos a serem melhorados em sua atitude e comportamento.

- Aprenda a permitir que os outros expressem seus pensamentos sem interrompê-los.

- Esteja atento às "entrelinhas", pois nem sempre o outro diz tudo só com palavras.
- Concentre-se em desenvolver a sua capacidade de concentração no que o seu interlocutor fala.
- Seja claro, objetivo e conciso em suas palavras para evitar a má compreensão ou a distorção da sua fala/mensagem.
- Não se exalte ou se irrite se as ideias do outro forem contrárias às suas convicções.
- Aprenda a respeitar opiniões contrárias às suas, desenvolvendo flexibilidade para mudanças de ideias e desenvolvimento de novos pontos de vista.
- Você pode identificar seus pontos fracos ao ouvir os outros e medir sua eficácia em ouvi-los utilizando-se do questionário. Este exercício poderá fornecer-lhe indicações sobre as áreas que necessitam ser trabalhadas para melhorar a sua capacidade de comunicação.

Lembrete: eliminando o "nunca" e o "raramente" de suas respostas, você poderá alcançar significativas melhoras nas comunicações e relações pessoais e profissionais.

OUVIR PARA SE COMUNICAR MELHOR 2

"Você deseja ver; ouça. Escutar é um passo além da visão."
São Bernardo de Claraval (1090-1153)

Saber ouvir é o fator mais importante para o sucesso na comunicação e, ao mesmo tempo, um dos aspectos mais negligenciados em seu processo. De modo geral, pessoas e empresas se ocupam mais em "falar", em determinar seus conceitos e preconceitos, expressar suas opiniões e ditar regras, do que ouvir e estabelecer uma dinâmica de diálogo, que consiste em duas lógicas que interagem, transitando no fluxo da compreensão mútua, da construção do entendimento e da consolidação do relacionamento.

Ao realizarmos uma análise global da comunicação corporativa no Brasil e no mundo, podemos constatar que seu principal fator de sucesso é fundamentado pela atitude efetiva de abertura para a comunicação dos líderes e suas equipes. É o que chamamos de cultura do diálogo, ou seja, a disposição para se relacionar e compartilhar informações, conhecimentos, opiniões, emoções e sentimentos em busca dos melhores resultados naquilo que fazemos em nossas dimensões pessoal e profissional.

Ouvir é a dimensão ética no relacionamento interpessoal.

Ouvir significa dar importância ao outro, fortalecendo as bases da dimensão ética no relacionamento interpessoal. Ouvindo, rompemos a limitação do monólogo e da visão unilateral que nos predispõem a assumir atitudes de intolerância e de autoritarismo.

No livro *Empresa feliz*, Francisco Gomes de Matos destaca com precisão que "o pior cego é aquele que não escuta. A sabedoria está muito mais em escutar que em falar". Segundo o autor, sem a capacidade de ouvir "abre-se um abismo de incomunicabilidade, perde-se a percepção do outro, desvalorizando-o, empolgado que se está em falar. Acaba-se por nada dizer, pois se inibe o ouvinte, indispondo-o ao diálogo, ao cortar-se o circuito da comunicação".

Com certeza, um dos maiores problemas no mundo empresarial é a falta do exercício do diálogo aberto e franco, sem rodeios ou intolerâncias, o que implica na convivência das diferenças. A diversidade de pensamento contribui para o enriquecimento da criatividade da empresa na busca de soluções e inovações. Pessoas com pontos de vista diferentes podem trabalhar unidas e integradas por objetivos comuns.

A aptidão em saber ouvir é um dos principais diferenciais para se alcançar êxito na vida pessoal, profissional e empresarial. Podemos chegar a essa conclusão ao percebermos a relação de causa e efeito entre comunicação eficaz e ações bem-sucedidas. Tudo é uma questão de saber ouvir e dialogar.

Carl Jung foi esplêndido ao afirmar que "nenhum homem é uma ilha fechada sobre si; todos são parte de um continente, uma parcela de terra principal. Todos os efeitos são recíprocos e nenhum elemento age sobre outro sem que ele próprio seja modificado". No entanto, podemos constatar, ao longo da história da civilização, que o ser humano tem uma tendência ao egocentrismo. Temos uma inclinação de nos fecharmos em nós mesmos e escutar somente aquilo que nos interessa ou que, em determinado momento, nos é oportuno e gratificante.

> *"De todos os sentidos, o mais importante para a aprendizagem do amor, do viver junto e da cidadania é a audição."*
> Rubem Alves

OUVIDORIA: CANAL ABERTO DE COMUNICAÇÃO

A salvação para muitas organizações, que se acostumaram ao ativismo do falar compulsivamente, está no ato reflexivo e estratégico do ouvir. Empresas voltadas apenas para a persuasão de novos consumidores, com o objetivo único de vender e lucrar cada vez mais e mais, estão fadadas ao prejuízo e ao fracasso. Os fatos têm demonstrado que, a longo prazo, o que acontece com as empresas condicionadas apenas a falar é, categoricamente, o contrário do sucesso imediato que elas pensam garantir.

Falar mecanicamente para controlar o poder ou falar reativamente para tentar se defender da fraqueza de não ouvir são demonstrações de extrema imaturidade e inconsistência da linha de ação de uma empresa.

A fidelização do cliente depende muito da capacidade da empresa em saber ouvi-lo para depois agir e atender devidamente as demandas que garantirão a consolidação da lucratividade do seu negócio.

É nesse cenário que ganha realce e se destaca a importância estratégica das ouvidorias. É cada vez maior o número de empresas preocupadas em formular políticas de comunicação voltadas para ouvir seus clientes internos e externos. Com esse objetivo, nos últimos anos, muitas empresas têm intensificado a criação de canais de comunicação especificamente voltados para ouvir os clientes, seja por meio do contato direto com ouvidores/*ombudsman* ou através da internet, da intranet ou de linhas telefônicas exclusivas.

Escutar as reclamações e sugestões dos clientes é uma das melhores e mais baratas consultorias, que garante às empresas o alinhamento com a principal razão de sua existência: atender com excelência quem precisa ou simplesmente se interessa por seus produtos e serviços.

As modernas ouvidorias surgem com a função de desempenhar um canal ágil e direto de comunicação por meio do qual o cliente se manifesta para apresentar suas reclamações, denúncias, queixas, insatisfações, sugestões, opiniões, questionamentos ou seus elogios.

Para coordenar o funcionamento das ouvidorias existe o *ombudsman* ou ouvidor, profissional geralmente nomeado pelo presidente da empresa para ouvir e investigar, de forma independente e crítica, todo tipo de manifestações que seus clientes desejarem expressar.

A ouvidoria recebe, analisa e encaminha as manifestações dos clientes aos setores a que se referem. Atua sugerindo mudanças de acordo com as demandas dos clientes ou cidadãos, envia os relatórios às áreas competentes da empresa, ou órgão público, nos quais são apontadas, pelo reclamante (interno ou externo), as principais deficiências ou irregularidades. A ouvidoria deverá acompanhar as providências adotadas e cobrar soluções, mantendo sempre o cliente bem informado. Funciona como um canal de comunicação rápido e eficiente, estreitando a relação entre a empresa e a sociedade.

O fortalecimento da função estratégica das ouvidorias no cenário organizacional expressa o anseio da sociedade na busca do resgate dos conceitos de cidadania e defesa do cliente-consumidor-cidadão, questões fundamentais para a consolidação dos valores democráticos, fundamentados no exercício contínuo da comunicação e do diálogo.

DIREITO À COMUNICAÇÃO

Faz parte do passado, cada vez mais, as empresas que manipulavam a informação e divulgavam o que queriam aos seus usuários, e não o que interessava aos seus clientes. Esse cenário vem se transformando, gradativamente, impulsionado pelo movimento de conscientização da sociedade para os conceitos de cidadania, ética, governança corporativa, responsabilidade social e ambiental.

O consumidor não quer apenas a satisfação do seu desejo ou necessidade imediata, mas a certeza de estar sendo atendido com serviços e produtos de qualidade, produzidos e comercializados por empresas que respeitam os valores humanos, o meio ambiente e o bem comum.

O cidadão está se tornando cada dia mais consciente e exigente dos seus direitos, ao mesmo tempo que assume atitudes e iniciativas de cumprimento dos seus deveres nos contextos social e político. A figura do consumidor passivo e pouco exigente, que aceita qualquer coisa que lhe é oportunamente oferecida, é cada vez menos presente no cenário de mercado globalizado da atualidade.

É nesse ambiente de resgate e fortalecimento dos conceitos de cidadania e ética que ganha força o papel desempenhado pelas ouvidorias, instâncias criadas pelas organizações – públicas e privadas – para atender o direito à comunicação e à expressão do cliente-cidadão que, em um determinado momento, necessita ou se interessa pelos produtos e serviços por elas oferecidos.

Pelo olhar frio do mercado, o fortalecimento das ouvidorias pode ser interpretado apenas como mais um modismo a ser explorado pela linguagem do marketing e da propaganda institucional. No entanto, para os dirigentes empresariais conscientes do compromisso social e transformador dos seus empreendimentos, seja para o seu bairro, cidade ou nação, isso não se trata de uma tendência episódica, mas de uma manifestação de amadurecimento do consumidor-cidadão. É a expressão orgânica do indivíduo, ou grupo social, que avança em seu grau de maturidade, voltando-se para a importância da valorização humana, por meio do respeito e consideração ao direito inalienável que todo ser humano tem de se comunicar e se expressar.

Nesse caso, as organizações não devem agir apenas para o cumprimento de mais uma exigência legal, criando serviços de ouvidoria somente para constar, ou para exploração promocional demagógica, mas desenvolvendo o hábito de ouvir seus clientes internos (funcionários e colaboradores) e externos (consumidores, fornecedores, acionistas e comunidade), a fim de valorizar a construção de um mercado mais humano, que garanta a perpetuação dos negócios e o progresso da sociedade como um todo.

Por sua vez, cabe ao cidadão fazer valer essa conquista como algo a ser validado pela sua aplicabilidade a favor da consolidação de uma sociedade mais ativa, participativa e dinâmica, em que cada pessoa passe a ser um agente de mudança em prol de um mercado mais ético e aberto ao diálogo, às relações humanas e ao entendimento, no qual todos se comprometam pela busca de uma sociedade mais justa e solidária.

A ARTE DE SABER OUVIR

> *"Para saber falar é preciso saber escutar."*
> Plutarco, filósofo grego

Certa vez, perguntei a um grande psiquiatra que acabara de fazer uma palestra magnífica para um grande público: "a sua profissão é uma das mais difíceis, como você consegue atender, em um só dia, pacientes com casos tão diferentes, destoantes e esquisitos, sem perder a capacidade de análise e organização do pensamento?" Ele respondeu, com a segurança e a sabedoria de muitos anos de experiência: "escutando, apenas escutando. Sabendo ouvir, somos capazes de resolver grandes problemas, curar neuroses e remover muitos traumas de infância". O próprio paciente encontra sua cura.

Saber ouvir exige quase sempre esforço reeducativo, pois somos muito mais condicionados a falar e só ouvir o que julgamos ser do nosso interesse. No entanto, tão importante quanto "saber falar" é "saber ouvir". Aliás, é fundamental "saber ouvir" para "saber falar".

> Saber ouvir transcende o ato de escutar quem fala;
> é compreender a pessoa que se expressa;
> é entender a mensagem que se transmite;
> é assimilar o que é dito por palavras, olhares,
> atitudes, gestos ou silêncio; é perceber
> a grandeza da essência da comunicação e do diálogo;
> é alcançar a plenitude do relacionamento humano
> e a captação do sentido de nossa existência.

Embora ouvir exija tempo, a opção de não ouvir irá significar irremediavelmente maiores desgastes, pelos problemas que acarretará, mais cedo ou mais tarde.

Pesquisas realizadas nos Estados Unidos, por instituto ligado às universidades de Administração, demonstram que, em média, o tempo de trabalho de um profissional em uma empresa de médio a grande porte é dividido da seguinte forma:

- 45% para escutar.
- 30% para falar.
- 16% para ler.
- 9% para escrever.

Porém, segundo a fonte mencionada,

> apesar de empregar 45% de seu tempo em atividades de escuta, o indivíduo, na verdade, dedica somente 25% de sua capacidade ao ato de ouvir. Isto é, enquanto escuta um interlocutor, a pessoa continua elaborando seus próprios pensamentos, e tende assim a aliviar-se do teor da conversação.

Por exemplo, um dirigente que não sabe ouvir, cuja preocupação é "fazer-se ouvir", estabelece uma situação de constrangimento tal que qualquer colaboração torna-se impossível. No caso de uma reunião, ela acaba se tornando um monólogo, em que o interesse dos participantes se esvai e a participação torna-se apenas permanência estática, por pura obediência, pois não há abertura para o estabelecimento do diálogo. O resultado, como consequência da "surdez" para o diálogo, é o isolamento do dirigente, que acaba perdendo o controle da situação. Uma pesquisa de clima poderá identificar, na falta de um ambiente favorável à comunicação, a principal causa para a grande quantidade de faltas, erros no trabalho e perda de motivação entre os funcionários.

Saber ouvir mais do que falar
deve ser uma característica do líder.

O líder é aquele que integra pessoas diferentes e equipes diversas por objetivos e verdades comuns. Para isso, uma das habilidades mais elementares do líder está associada à sua capacidade de saber ouvir e interpretar os anseios, expectativas e sentimentos das pessoas que integram sua equipe. Saber ouvir mais do que falar é uma característica do líder autêntico e integrador.

No ambiente corporativo há uma tendência, ou melhor, um condicionamento negativo e ultrapassado, que expressa o dito popular "manda quem pode, obedece quem tem juízo". A prática tem demonstrado que a relação chefe/subordinado mudou para a interação líder/equipes, ou seja, todos são responsáveis pela busca dos melhores desempenhos e resultados do grupo. Todo colaborador deve assumir uma postura empreendedora e dinâmica dentro da organização para a qual trabalha. É dessa iniciativa que surgem as melhores ideias para os negócios.

> Quem ouve cresce!
> Com o Diálogo,
> as soluções chegam
> aos nossos ouvidos,
> corações e mentes.

O antropólogo americano William Ury, renomado especialista em técnicas de negociação da Universidade de Harvard, explica que a negociação é uma questão de prevalência do bom senso entre as partes envolvidas em um conflito. Ele passou as últimas três décadas mediando conflitos internacionais na Indonésia, Venezuela, África do Sul, Iugoslávia e Oriente Médio. Sua atuação como mediador de conflitos foi crucial para a concretização de muitos acordos internacionais pela paz.

O princípio básico de uma negociação é colocar-se no lugar do outro, procurando entender as motivações de seu ponto de vista. William Ury foi o mediador da negociação de Camp David, em 1978, envolvendo egípcios e israelenses. O Egito dizia querer de volta toda a Península do Sinai, que fora ocupada por Israel, que queria um terço do Sinai. Era impossível atender às reivindicações nesses termos. A questão era saber as razões de cada lado. Para os egípcios, era uma questão de soberania. A terra estava lá desde os tempos dos faraós, e eles a queriam de volta. Para os israelenses, a questão era de segurança. Se os egípcios colocassem os tanques no território, poderiam atacar Israel facilmente. A partir desse momento, graças à mediação de William Ury, foi possível satisfazer tanto egípcios quanto israelenses: decidiu-se por uma Península do Sinai egípcia, mas desmilitarizada.

Até hoje, Israel e Egito convivem, diplomaticamente, sem nenhum registro de confronto armado, com um canal de diálogo aberto e dinâmico. Esse exemplo é emblemático, pois revela como o exercício do diálogo é capaz de gerar grandes soluções.

VAMOS OUVIR MELHOR

Quando ouvimos atentamente uma pessoa, estamos na verdade ouvindo duas partes distintas de sua mensagem.

- Em primeiro lugar, estamos prestando atenção nas palavras, isto é, no conteúdo da mensagem.
- Em segundo lugar, estamos prestando atenção no sentido que há por trás das palavras; do tom de voz e da linguagem corporal. Em outras palavras, estamos ouvindo também o significado da mensagem.

Ouvir corretamente é:

- Permanecer em alerta.
- Possibilitar uma boa recepção da informação.
- Decodificar a informação de maneira a extrair dela o real significado.

Níveis de atenção

Nossa capacidade de ouvir varia durante o dia todo, dependendo da situação, de quem fala e de nossos hábitos. De acordo com o grau de boa vontade que colocamos em uma situação particular, nossa habilidade de ouvir enquadrar-se-á em três níveis gerais de atenção:

- *Alheio:* é o menor nível da habilidade de ouvir. Nossa atenção fica voltada para nós mesmos e não para a outra pessoa. O assunto abordado passa totalmente despercebido.
  Exemplo: "sobre o que você estava falando mesmo?"
  Manter-se alheio gera revolta no interlocutor, que se sente desconsiderado.

- *Indiferente:* conseguimos escutar, mas não prestamos a devida atenção às palavras nem ao significado da mensagem.
  Exemplo: "é, você pode até ter razão... Que horas são? Estou com uma fome..." (comentário displicente e inoportuno).
  A indiferença provoca irritação no interlocutor, que percebe que não está sendo valorizado.

- *Distraído:* nesse nível, ouvimos as palavras, mas não entendemos o seu sentido mais profundo. Com esse tipo de atitude, não participamos da comunicação, pois não estamos captando a mensagem em sua plenitude.
  Exemplo: "pode repetir o que você acabou de falar?"
  A distração gera decepção no interlocutor, que se considera pouco respeitado.

- *Concentrado:* significa estar totalmente envolvido no processo de comunicação, expressando interatividade com o interlocutor. Nesse nível, recebemos a mensagem completa, em palavras, sentimentos e significado. Dessa forma, conseguimos captar as ideias principais e pensar sobre o assunto abordado.
  Atitudes de uma pessoa atenta durante a conversação:
  - Estimula o seu interlocutor, acenando com a cabeça e fazendo pequenas observações, tais como "continue" ou "muito interessante!".
  - Resume e repete o que o outro falou, tentando captar a mensagem, usando outras palavras e ideias complementares.

– Coloca-se no lugar do outro, tentando se imaginar em uma situação parecida.
– Utiliza sua linguagem verbal, corporal e expressões faciais para demonstrar opiniões e sentimentos.

A capacidade de concentração do ouvinte determina o nível de compreensão da mensagem e a qualidade da interação com o seu interlocutor.

Fatores que prejudicam a capacidade de escutar:

- *Valores e costumes:* experiências, conhecimentos, crenças, costumes, expectativas, pressupostos, preconceitos e, em síntese, a cultura são filtros pelos quais peneiramos tudo o que ouvimos. O significado das coisas não está nelas, mas em nós. Precisamos estar atentos para esses fatores.
- *Comportamentos:* consciente ou inconscientemente, estamos acostumados a interromper os outros, a tirar conclusões apressadas, a distrair o interlocutor, agindo de forma dispersiva.
- *Ambiente físico:* barulhos e distrações visuais, ocasionados por um ambiente impróprio para a conversação, influenciam negativamente a capacidade de escutar. Um ambiente inadequado pode inviabilizar a comunicação, perturbando a transmissão, a recepção e a compreensão das mensagens.
- *Competição:* o relacionamento caracterizado pela disputa de poder e medição de forças bloqueia a capacidade de interação e diálogo. Quando queremos dominar uma conversação, gastamos mais tempo pensando no que iremos dizer do que escutando o que os outros têm a transmitir.
- *Timidez:* a pessoa tímida ou retraída preocupa-se mais com o que os outros podem vir a pensar delas do que o que eles estão realmente dizendo ou querendo dizer.
- *Pessimismo:* pensamentos negativistas costumam bloquear o interesse pela conversação. A tendência a considerar tudo pelo pior aspecto gera o afastamento e o desinteresse.

- *Assuntos desagradáveis:* as pessoas tendem a evitar assuntos que incomodam, impedindo, por meio de atitudes negativas, o desenvolvimento da comunicação.
- *Arrogância:* a falta de humildade e a crença de que somos superiores impedem-nos de dar valor ao que os outros têm a nos comunicar.

Fatores que ajudam o ato de ouvir:

- *Silêncio:* você não poderá ouvir enquanto estiver falando ou se distraindo com outra coisa.
- *Percepção:* saber ouvir não significa apenas escutar o que a pessoa está falando. É também procurar entender corretamente o que está sendo dito e, acima de tudo, é a tentativa de perceber além das palavras, compreendendo os sinais da linguagem não verbal (gestos, atitudes, entonações, posturas corporais, expressões faciais etc.). A percepção do significado é que dá sentido à comunicação.
- *Entrelinhas:* escutar aquilo que não foi dito. Quando uma pessoa está falando, pode-se aprender muito pelo que ela deixou de dizer ou evitou dizer durante sua fala.
- *Indagação:* quando você não entender, quando necessitar de esclarecimentos adicionais ou quando desejar mostrar que está escutando, não se esconda, pergunte. As perguntas favorecem a compreensão da mensagem e estimulam o raciocínio para chegar a novas interpretações.
- *Respeito:* não interrompa o raciocínio do seu interlocutor; dê-lhe tempo para comunicar aquilo que tem a dizer.
- *Empatia:* procure colocar-se no lugar do outro para poder sentir onde ele está procurando chegar.
- *Concentração:* focalize sua máxima atenção nas palavras do outro, bem como em suas impressões sobre o assunto. Concentre-se nas ideias principais e não se abstraia em pensamentos paralelos.

- *Observação:* olhar para o seu interlocutor. Observe o rosto, a boca, os olhos, as mãos. A linguagem corporal fala mais do que as palavras.
- *Educação:* mantenha postura cordial e simpática. Um simples sorriso favorece o início de muitas conversas e entendimentos.
- *Equilíbrio:* procure deixar seus problemas, aborrecimentos e mágoas fora da conversação. Eles podem lhe impedir de ouvir bem.
- *Imparcialidade:* reagir às ideias e não à pessoa. Não permita que suas reações contra a pessoa influenciem no julgamento do que ela diz. As ideias expostas podem ser boas, mesmo que o seu emissor não seja do seu agrado.

Importante:

- *Escute*: peça sugestões às pessoas com quem você trabalha, para quem você trabalha e que trabalham com você sobre como você poderia melhorar seu desempenho e resultados.
- *Ouça*: frequentemente, quando falamos antes de escutar a outra pessoa em uma discussão, tomamos decisões das quais mais tarde nos arrependemos; fazemos críticas que depois nos lamentamos ou comprometemo-nos a agir de uma forma que não podemos concretizar. Portanto, antes de chegar a alguma conclusão procure ouvir para depois falar.

*"Ouvir é uma das habilidades mais importantes
que um líder pode escolher para desenvolver."*
James C. Hunter, autor do livro *O monge e o executivo*

CONCEITOS INCORRETOS QUE FAVORECEM ERROS NA COMUNICAÇÃO

Geralmente, somos levados a acreditar em conceitos errôneos com relação à habilidade de ouvir.

Alguns conceitos incorretos:

1) Aprender a escutar automaticamente. Acreditamos que o treinamento é desnecessário.
2) Crer que a habilidade de escutar depende da inteligência.
3) Aceitar que a habilidade de escutar está relacionada à capacidade de audição.
4) Pensar que podemos escutar bem e ler ao mesmo tempo.
5) Pensar que nós escutamos bem a maior parte do tempo e o que escutamos é o que em geral foi falado.
6) Agir como se escutar fosse uma atitude passiva.
7) Acreditar que a personalidade tem um efeito pequeno na capacidade de escutar.
8) Acreditar que se escuta apenas por meio de ouvidos.
9) Acreditar que escutar relaciona-se ao conteúdo em primeiro lugar e sentimentos em segundo lugar.

Alguns conceitos favoráveis:

1) Ouvir efetivamente é uma habilidade que é difícil para a maioria das pessoas. Prática e treinamento podem melhorar nossa habilidade de escutar bem.
2) Poucas pessoas conseguem ler e escutar ao mesmo tempo efetivamente.
3) A habilidade para ouvir ativamente precisa ser desenvolvida.
4) Ouvir é um processo ativo. Requer nossa participação e envolvimento.
5) Nossa personalidade tem influência na capacidade de ouvir.
6) Para ouvir efetivamente, precisamos usar o corpo todo. O contato visual apropriado e a postura do corpo podem ajudar.
7) Sentimentos são frequentemente mais importantes que as próprias palavras. Devemos procurar entender os sentimentos inseridos nas mensagens. Eles são, frequentemente, a mensagem real.

Nunca é demais citar uma máxima para sintetizar todo um pensamento. Miguel de Cervantes celebrizou, no livro *Dom Quixote de la Mancha*, a frase "a bom entendedor meia palavra basta", ou seja, para quem sabe ouvir, não são necessárias muitas palavras para se compreender a mensagem transmitida e a intenção do emissor. No caso de uma mensagem escrita, é saber ler as entrelinhas do texto para captar a real intenção do autor. Não podemos nos esquecer de que a intenção na comunicação é como a água para o oceano.

MEDIAÇÃO: A ARTE DA COMUNICAÇÃO PELA VIA DA CULTURA DO DIÁLOGO

A busca do entendimento e da solução de conflitos, controvérsias e impasses, pela via do diálogo, é um exercício constante na bem-sucedida trajetória profissional de José Augusto da Silva, à frente da Superintendência de Mediação Administrativa Setorial (SMA), da Agência Nacional de Energia Elétrica (ANEEL).

1) Qual a função estratégica e a importância da Mediação para uma organização de abrangência nacional como a Aneel?
JAS: A Lei n. 9.427, de 26 de dezembro de 1996, que institui a Agência Nacional de Energia Elétrica e disciplina o regime das concessões de serviços públicos de energia elétrica, estabelece que compete à ANEEL "dirimir, no âmbito administrativo, as divergências entre concessionárias, permissionárias, autorizadas, produtores independentes e autoprodutores, bem como entre esses agentes e seus consumidores".

A execução dessa competência finalística da Agência cabe à Superintendência de Mediação Administrativa Setorial (SMA) que, para tanto, utiliza diversas ferramentas buscando a solução das controvérsias suscitadas.

A vasta maioria dos conflitos envolvendo consumidores e concessionárias recebem um tratamento específico no âmbito do Sistema de Gestão de Ouvidoria da Agência e, nesse caso, as partes envolvidas recebem a correta orientação acerca da aplicação normativa correspondente a cada uma das questões levantadas.

Entretanto, o Setor Elétrico é complexo por natureza e o seu universo de agentes compreende milhares de empreendimentos de geração, transmissão e distribuição, bem como milhões de consumidores. Entre esses agentes podem aflorar, eventualmente, divergências com um caráter diferenciado. Na origem dessas desavenças, múltiplas são as causas que podem ser encontradas: desacordo acerca do cumprimento de cláusulas contratuais (prazos, preços, reajustes, aditivos etc.), descumprimento de atos regulatórios, dificuldade de interpretação da legislação e questões ainda não reguladas, entre outras.

Nesses casos mais complexos, após a devida concordância das partes, são utilizadas as ferramentas da mediação, buscando-se a resolução do conflito através da autocomposição. A condução pela ANEEL, nesse caso, é favorecida pela possibilidade do estabelecimento inequívoco dos contornos regulatórios do conflito, possibilitando às partes a celebração de acordos dentro dos parâmetros normativos adequados.

Assim, além de "pacificar" o Setor, a Superintendência de Mediação Administrativa Setorial também subsidia as áreas regulatórias e fiscalizatórias da Agência com informações que podem levar à correção de textos normativos, ao suprimento de lacunas ou à correção de procedimentos inadequados adotados pelos agentes.

2) Como a SMA tem favorecido a atuação do Sistema Aneel?
JAS: A ANEEL tem como macrofunções: regular, fiscalizar e dirimir os conflitos no âmbito do Setor Elétrico. Como a SMA tem contato direto com os consumidores de energia, através do registro, no Sistema de Gestão de Ouvidoria (SGO), das solicitações de informações, das reclamações, elogios e críticas recebidas, ela pode subsidiar as demais áreas regulatórias e fiscalizatórias da Agência com informações que permitam corrigir o rumo da regulação ou apontar o caminho para a fiscalização.

Além disso, a SMA é a face da ANEEL perante o mercado de energia elétrica brasileiro e, dessa forma, a prestação de um adequado teleatendimento também fortalece a imagem institucional da Agência.

3) A seu ver, quais as principais vantagens da Mediação para o aprimoramento da gestão e a melhoria da qualidade nos relacionamentos da organização com os seus clientes?
JAS: A mediação é um método autocompositivo, ou seja, as próprias partes envolvidas em um conflito são as protagonistas de sua solução, com o auxílio de um terceiro chamado mediador – um facilitador desse processo.

Dessa forma, ao participar de um processo de mediação, as partes devem, efetivamente, adotar providências que modifiquem suas posições iniciais e indiquem o desejo de uma solução cooperativa. Esse é um processo por vezes doloroso que exige autoconhecimento e revisão das posturas pessoais ou corporativas que levaram ao conflito.

Os ensinamentos proporcionados pela participação em uma mediação podem permear as organizações e evitar que novos conflitos semelhantes apareçam.

4) Mediação e negociação são processos que se complementam na busca da resolução de conflitos e controvérsias?
JAS: A mediação e a negociação são duas formas diferentes de solução de controvérsias pelas próprias partes, na medida em que a mediação possui a figura do "facilitador" desse processo.

Em muitos casos, a negociação entre as partes não é mais possível em função da deterioração da capacidade de relacionamento gerada pela controvérsia. Nesses casos, a confiança de ambos em um mediador pode levar o caso para uma mediação e, passado algum tempo, a comunicação entre as partes pode se restabelecer.

Assim, é possível que a discussão de uma questão seja iniciada no âmbito de uma mediação e, após o estabelecimento da interação cooperativa entre as partes, as mesmas optem por encerrar a controvérsia no âmbito de uma negociação particular.

Por outro lado, a existência simultânea das duas formas também pode ser prejudicial, na medida em que avanços obtidos pela mediação sejam perdidos por uma comunicação deficiente ou comportamento belicoso na negociação paralela.

5) Quais as suas dicas para que um processo de mediação seja bem-sucedido?
JAS: Entre as várias dicas que podem ser oferecidas para o sucesso de uma mediação, destacam-se duas:

1) Que, no início, todas as partes envolvidas conheçam as características que envolvem um processo de mediação e que o mediador tenha habilidade para deixar bem esclarecido que tudo dependerá da "vontade das partes".

2) Seguir o rito que, mediante o completo esclarecimento da questão mediada, leve as partes da interação conflituosa para a interação cooperativa.

> "Aquilo que você é, fala tão alto que não consigo ouvir o que você me diz."
> Ralph Waldo Emerson (1803-1882), filósofo e poeta norte-americano

CAMINHO DAS PEDRAS NA COMUNICAÇÃO

A comunicação é como uma rua de duas mãos, e a tarefa de comunicar-se não está concluída até que haja compreensão, aceitação e ação resultante. A finalidade da comunicação é afetar comportamentos. Um erro comum é o de emitir instruções por escrito e acreditar que sua interpretação será, assim, mais precisa e que não haverá possibilidade de problemas. Temos plena necessidade de verificar a receptividade de uma instrução escrita e de examinar o entendimento de instruções verbais. As recompensas das boas comunicações são grandes, mas difíceis são os meios de obtê-las, para isso esteja sempre atento às bases para a eficácia da comunicação.

FRASES QUE EMPERRAM A COMUNICAÇÃO E DEVEM SER EVITADAS

Frequentemente, durante o processo de comunicação, deparamo-nos com situações e frases que interrompem a comunicação. Você possivelmente já escutou ou sem querer disse:

- Já ouvi isso antes...
- Não vale a pena escutar, eu já sei tudo isso...
- Já pensei assim como você, quando era mais jovem...
- Quanto equívoco em tão poucas palavras...
- É, é, é... outro dia a gente fala sobre isso, tá bom?
- Sobre o que você estava falando mesmo?
- Mande a ideia para a diretoria, por meio dos canais competentes...
- Isso não funcionaria na nossa empresa...

- Essa ideia é antiga...
- Nossa conversa não vai dar em nada...
- Traga essa ideia qualquer dia desses... marque uma entrevista com minha secretária...
- Escreva a sua ideia e coloque-a na caixa de sugestões...
- Nós não temos tempo a perder com isso...
- O que você está tentando fazer, virar a empresa de cabeça para baixo?
- Se pudermos continuar fazendo as coisas como fazemos atualmente e melhorá-las com o tempo, já é o bastante...
- Já tentamos uma ideia exatamente como essa e não funcionou...
- Somos muito pequenos para isso...
- Esse não é o nosso estilo, não fazemos as coisas desse modo...
- Isso irá tornar o nosso sistema obsoleto...
- Muito bom... mas, ninguém irá compreendê-lo...
- Vamos discutir isso em outra ocasião...
- O quê? Isso é loucura, passemos para o próximo ponto da pauta...
- Estamos anos à frente do nosso tempo, vamos voltar à realidade...
- Isso não é problema nosso...
- Seja claro, você quer nos ensinar a trabalhar?
- A direção nunca aprovará essa ideia...
- Alguém já tentou isso antes?
- É contra as políticas da companhia...
- Ok, ok, ok... quer falar mais alguma coisa?
- Tá bom, tá bom... é só isso? Acabou?
- Isso é óbvio... mas não dará certo e ponto final...

ATITUDES QUE EMPERRAM A COMUNICAÇÃO E DEVEM SER EVITADAS

- Bocejos.
- Olhar para o relógio.
- Olhar desatento.
- Olhar insistentemente para outro lado.

- Brincar com algo a sua volta.
- Distrair-se com situação paralela à conversa principal.
- Ficar desenhando ou rabiscando no papel de anotações.
- Cochilar durante uma conversação.
- Coçar os olhos.
- Leitura fora do contexto.
- Leitura durante conversa pessoal.
- Assobiar ou cantarolar.
- Audição dispersiva.
- Descontração exagerada.
- Andar enquanto o interlocutor tenta expor o assunto.
- Descortesia ou indelicadeza no tratamento.

BASES PARA A BOA COMUNICAÇÃO NA EMPRESA E NA VIDA

Para que ocorra comunicação eficaz entre duas pessoas (emissor/receptor) é vital que se observem as seguintes regras:

- *Saiba o que vai dizer.* Procure "arrumar" as ideias. Trace qual é o objetivo da mensagem, o que você deseja que os receptores da mensagem absorvam, qual é o verdadeiro propósito da comunicação. Se necessário, faça um pequeno roteiro, enumerando apenas os tópicos a serem abordados. O ex-governador da Guanabara, Carlos Lacerda, costumava comentar com seus amigos mais próximos: "a pior coisa numa conversa é ter de escutar alguém que não sabe sobre o que está falando ou simplesmente nem refletiu sobre o assunto abordado e resolve fazer um discurso".
- *A quem vai se dirigir?* Antes de transmitir alguma informação ou iniciar uma conversação ou um simples diálogo, procure adequar suas palavras ao perfil do interlocutor. Procure conhecer qual o perfil do seu público e busque adequar suas palavras e argumentações ao contexto cultural e cognitivo dos interlocutores. Certa vez, o humorista Jerry Lewis confessou, em uma entrevista, que antes dos seus shows, mesmo que para públicos pequenos, ele costuma-

va ficar num lugar bem despercebido "para observar o tipo de público que teria de enfrentar e divertir".
- *Determine seus objetivos.* Segundo Aristóteles, a meta principal da retórica (comunicação) é a persuasão, a tentativa de levar outras pessoas a adotarem o ponto de vista de quem fala. Não podemos nos esquecer de que na vida estamos o tempo todo influenciando e sendo influenciados por meio das diversas dinâmicas de comunicação que estabelecemos ao longo da vida. Por isso, antes de iniciarmos um processo de comunicação, devemos refletir sobre os seguintes pontos específicos: qual a intenção no ato da comunicação que estabelecerei? Quais as razões que motivaram a necessidade de falar ou me expressar? Reflita sobre as suas verdadeiras intenções e objetivos. Nada pior do que a atitude que não acompanha o discurso. Por exemplo: tentar motivar estando desmotivado; tentar informar, mas inseguro sobre o que fala; tentar entreter, mas manter-se desanimado e emburrado. Em uma palestra para estudantes, Bernard Shaw disse: "quem não sabe para o que veio e qual a sua função é melhor ficar calado e de orelhas bem em pé". E completava: "quando faltam ideias, palavras são inúteis".
- *Consulte outras pessoas.* Consulte outras pessoas para planejar as comunicações, peça opiniões, lembre que aqueles que o ajudam a planejar, com certeza o apoiarão. Certa vez, falou-me um grande amigo: "quando me sinto perdido num debate, conversa ou discussão de trabalho, consigo sempre me salvar pela cumplicidade dos amigos, que logo fazem um comentário que reorientam os rumos da conversação".
- *Saiba como dizer.* O método de exposição, a tonalidade da voz, as expressões faciais, atitudes corporais, gestos, os meios audiovisuais utilizados e o diálogo franco e objetivo são recursos imprescindíveis para motivar uma audiência, manter o público atento, interessado e, portanto, receptivo à mensagem, ao retorno e à ação. O grande antropólogo e educador, Darcy Ribeiro, falou numa entrevista para a televisão: "o bom orador é aquele que sabe utilizar todos os recursos que tem disponíveis para se tornar inteligível, informando e formando opiniões com a participação dos ouvintes".

- *Suas ações.* Execute suas ações com base nas informações adquiridas e validadas. Esteja certo de que suas ações apoiam aquilo que você diz, lembre que ações falam mais alto do que palavras. Para William Shakespeare "os que muito falam, pouco fazem de bom". E como dizia o grande orador sacro, Padre Antônio Vieira, "as palavras movem, os exemplos arrastam".
- *Compreensão.* Procure saber quais foram as consequências da comunicação. Procure não só ser compreendido como compreender, seja um bom ouvinte não só para os significados explícitos mas também para os implícitos. Procure perceber se a sua intenção na comunicação foi correspondida. Sempre verifique se você foi entendido, faça perguntas, incentive o comentário sobre o que foi comentado. Após transmitir a informação, faça perguntas como: o que você achou do que foi falado? Como aplicaria isso em sua realidade de trabalho? Como dizia o pensador indiano Krishnamurti em suas palestras: "a verdade não é o que, mas a compreensão de o que é".
- *Compartilhe.* Não sonegue informações com medo de perder *know-how*. Compartilhe tanta informação quanto for possível; isto trará ganhos para todos os envolvidos. Lembre-se sempre do que dizia a poetisa Cora Coralina: "feliz aquele que transfere o que sabe e aprende o que ensina".
- *Feedback.* O retorno de informações é importante para manter seus parceiros atualizados nos processos e atividades de interesse comum. Sempre retorne a informação, mostre os resultados e ações consequentes de informação recebida. Uma síntese desse tópico encontra-se em um trecho do livro *Os sofrimentos do jovem Werther*, de J.W. Goethe (1998): "ah, meu coração transbordava – e assim nos separamos, sem nos termos entendido. O que, aliás, não é de admirar, pois neste mundo raramente nos compreendemos uns aos outros".
- *Examine o ponto criticado.* Seja humilde e examine o ponto criticado para dar crédito às boas ideias e ao trabalho sincero. Ao receber críticas, procure extrair os aspectos positivos e construtivos. Posteriormente analise e estabeleça procedimentos de ajuste e correções. Não demonstre desânimo ou desagrado, mas satisfação por

receber um retorno sincero. "A crítica que recebes hoje pode motivar os elogios que receberás no futuro", costumava falar Alceu Amoroso Lima aos seus alunos.

- *Evite termos técnicos.* Não use gírias e evite jargões, termos técnicos que podem atrapalhar na comunicação. Se for imprescindível, explique qual o significado dos termos usados. Você pode falar com alguém que quer entender o que você está falando e não consegue; provavelmente na próxima vez ele não lhe procurará. Use uma linguagem que descreva a realidade. "Quem fala muito complicado ou está escondendo algo ou simplesmente não tem nada para dizer", costumava falar, aos colegas de profissão, o jornalista Sérgio Porto.
- *Expresse o seu interesse.* Entre frequentemente em contato com os seus colegas de trabalho e escute. Expresse seu interesse pelos seus problemas e escute. Questione o interlocutor, peça detalhes. Segundo Madre Teresa de Calcutá, "não existem barreiras de linguagem quando você sorri. Esse sorriso no seu rosto é uma luz a dizer às pessoas que seu coração está à vontade".
- *Procure ser claro e objetivo.* Seja objetivo, não faça rodeios, mesmo que a mensagem seja o que as pessoas não gostariam de ouvir. O pensador e poeta francês Paul Valéry costumava dizer aos seus alunos: "entre duas palavras, escolha sempre a mais simples. Entre duas palavras simples, escolha sempre a mais curta".
- Por último, porém o mais importante na comunicação: *saiba ouvir.* Talvez seja um dos mais difíceis fatores a serem observados, e uma das causas principais de insucesso nas comunicações. Ao se preocupar exageradamente com o que e como dizer descuida-se, quase sempre, das reações do interlocutor. Demonstre estar apto a ouvir informações mesmo que desagradáveis e críticas, procurando vê-las de forma construtiva. Escute, ouça atentamente, demonstrando interesse pelo que está sendo apresentado, não interrompa desnecessariamente. O êxito da comunicação reside na motivação e capacidade dos ouvintes em transformarem as palavras proferidas em atitudes. "Escutai com atenção o que o outro tem para dizer e serás capaz de ouvir além das palavras", disse Confúcio.

Ouvir Estrelas

"Ora (direis) ouvir estrelas! Certo
Perdeste o senso"! E eu vos direi, no entanto,
Que, para ouvi-las, muita vez desperto
E abro as janelas, pálido de espanto...

E conversamos toda a noite, enquanto
A via láctea, como um pálio aberto,
Cintila. E, ao vir do sol, saudoso e em pranto,
Inda as procuro pelo céu deserto.

Direis agora: "Tresloucado amigo!
Que conversas com elas? Que sentido
Tem o que dizem, quando estão contigo?"

E eu vos direi: "Amai para entendê-las:
Pois só quem ama pode ter ouvido
Capaz de ouvir e de entender estrelas".

Olavo Bilac

POR UMA BABEL SEM COMPLICAÇÃO, UM MUNDO COM MAIS COMUNICAÇÃO

A narrativa mítica da Torre de Babel tem um valor significativo para os nossos dias.

GÊNESIS [11, 1-9]

Ora, toda a terra tinha uma só língua e um só idioma.

E deslocando-se os homens para o oriente, acharam um vale na terra de Sinar; e ali habitaram.

Disseram uns aos outros: "Eia pois, façamos tijolos, e queimemo-los bem. Os tijolos lhes serviram de pedras e o betume de argamassa."

Disseram mais: "Eia, edifiquemos para nós uma cidade e uma torre cujo cume toque no céu, e façamo-nos um nome, para que não sejamos espalhados sobre a face de toda a terra."

Então desceu o Senhor para ver a cidade e a torre que os filhos dos homens edificavam e disse: "eis que o povo é um e todos têm uma só língua; e isto é o que começam a fazer; agora não haverá restrição para tudo o que eles intentarem fazer."

Eia, desçamos, e confundamos ali a sua linguagem, para que não entenda um a língua do outro.

Assim o Senhor os espalhou dali sobre a face de toda a terra; e cessaram de edificar a cidade.

Por isso se chamou o seu nome Babel, porquanto ali confundiu o Senhor a linguagem.

Após o dilúvio bíblico, quando todo mundo ainda falava a mesma língua, muitas pessoas foram habitar nas planícies do Oriente. Certo dia, decidiram o seguinte: "vamos construir uma cidade e uma torre cujo cume toque nos céus, e façamo-nos um nome, para que não sejamos espalhados por toda a face da terra."

Isso foi uma desobediência direta às ordens de Deus para que se espalhassem e povoassem a terra. Além do mais, a torre que planejavam construir seria um lugar de adoração ao sol, à lua e às estrelas. Eles decidiram adorar a criação e não o Criador.

Deus viu a cidade e a torre que estavam sendo construídas e disse: "o povo é um só, e todos falam a mesma língua; assim, podem fazer tudo o que quiserem. Vamos descer e confundir suas palavras; assim um não vai entender o que o outro está dizendo". E foi o que o Senhor fez, e a construção parou.

Aquela cidade recebeu o nome de "Babel", que significa "confusão", pois foi ali que Deus criou diferentes idiomas, obrigando o povo a se espalhar pela Terra. A Torre de Babel estava localizada na Babilônia. Esse é o relato simbólico do Antigo Testamento.

Outra hipótese para a origem das línguas, com embasamento mais científico e menos simbólico, é que antigamente todos falavam a mesma língua. Porém, existiam dialetos e palavras diferentes que, com o decorrer dos anos e a separação dos continentes, foram mudando e tornando-se idiomas totalmente distintos.

Sem entrar no mérito religioso ou científico, o fato da parábola nos mostra que se estabeleceu, por irreversível decisão de Deus, que o planeta, daquele momento em diante, seria habitado por gente que necessitaria ser educada na língua de sua cultura natal para poder se comunicar, compreender os hábitos e os costumes das fragmentadas comunidades que foram surgindo.

A confusão das línguas está no versículo 7, no qual se diz que o Senhor desceu e confundiu todos, para que não pudessem entender um ao outro. Deus foi sábio ao espalhar, pela terra que Ele mesmo criou, a variedade humana que se manifesta não apenas nas diferentes línguas mas em toda a amplitude do seu comportamento e na liberdade de formas de expressão.

Dessa forma, Deus permitiu que as diversidades culturais se complementassem pelo intercâmbio do relacionamento humano. Desse potencial de complementaridade e contrastes, surgiu uma terceira variante, que passou a oferecer aos homens e mulheres do mundo a possibilidade de escolher os pontos de vista, as opiniões, as situações e os comportamentos que mais tivessem a ver com suas necessidades ou suas tendências.

A Torre de Babel, ao contrário do que se interpreta normalmente, não é símbolo de espanto e confusão dos homens perante uma realidade absurda – a súbita mudança nos padrões da língua comum –, mas a tradução da diversidade humana que faz a grande riqueza da vida.

Os seres dos diferentes locais do planeta Terra, na maioria das vezes, entendem-se sem grandes problemas, na busca da harmonia comum. Por meio da comunicação não verbal fazemo-nos entender em qualquer parte da Terra, seja com esquimós, índios, franceses, alemães, brasileiros, chilenos, africanos, japoneses, palestinos, israelenses...

Da mesma forma, nós seres humanos também nos desentendemos pelos mais variados motivos, e o resultado são as violências e intolerâncias generalizadas que tanto desprezamos, mas diante das quais muito pouco podemos fazer, enquanto predominar a complicação na comunicação.

Fonte: www.amaivos.uol.com.br / www.cnbb.org.br.

COMUNICAÇÃO NÃO VERBAL: O SILÊNCIO TAMBÉM FALA

Nessa frase, Emerson lembra que aquilo que somos no dia a dia – nossas posturas, conceito público, atitudes e mensagens que passamos através do nosso comportamento – fala tão alto que é isso que faz com que as pessoas compreendam ou deixem de compreender nossas mensagens. A princípio, o interlocutor sensível observa-nos enquanto humanos, verifica nossa atitude, presta atenção ao nosso comportamento e a partir dessa mensagem ouve ou não o que lhe dizemos.

O interessante na comunicação é que nem sempre temos a consciência de que, ao falarmos em comunicação, não falamos apenas das palavras expressas para a outra pessoa – que podem ser dimensionadas como comunicação verbal. Acontece que toda comunicação humana, face a face, interpessoal, também se faz através da comunicação não verbal, ou seja, de todas as formas de comunicação que não envolvem diretamente as palavras.

Até podemos afirmar que quando falamos de relacionamento interpessoal a comunicação verbal, sozinha, não existe, pois além dela existe a maneira como falamos. É essencialmente observar os silêncios e pequenos barulhos que utilizamos ao falar, as pausas que fazemos entre as frases e palavras, a ênfase que colocamos na voz. Além disso, são significativas as expressões faciais, as nossas posturas corporais diante do outro, a maneira como o tocamos e as distâncias interpessoais que mantemos.

A teoria da comunicação tem indicadores consolidados que destacam em mais de 90% a relevância da comunicação não verbal no processo de interpretação de uma mensagem. As pesquisas indicam que, ao interpretar uma mensagem falada, o receptor é influenciado em apenas 7% pelas palavras (signo verbal). O tom de voz e a entonação correspondem a 38%. Atitudes, comportamentos e a linguagem do corpo, como expressões faciais, gestos, olhares, movimentos da cabeça, pernas e braços, determinam cerca de 55% do processo de decodificação final.

> *"Existe no silêncio uma tão profunda sabedoria que às vezes ele se transforma na mais perfeita das respostas."*
> Fernando Pessoa

Para podermos afirmar que a comunicação está ocorrendo de maneira efetiva, temos que ser coerentes nas nossas palavras e em toda nossa comunicação não verbal, até porque essa comunicação (não verbal) tem quatro características. A primeira é justamente complementar a comunicação verbal: é quando dizemos "bom-dia" sorrindo para o outro e olhando nos seus olhos; a segunda, é contradizer o verbal: é quando dizemos, por exemplo, "muito prazer" e apertamos a mão do outro como se fosse um "peixe morto" ou com medo ou nojo de tocar; a terceira, é substituir o verbal: é quando utilizamos, por exemplo, o meneio positivo da cabeça, olhando para a outra pessoa e dizendo não verbalmente "estou te ouvindo", "estou atenta a você"; a quarta função ou característica do não verbal, mas não menos importante, é a demonstração dos nossos sentimentos, por meio de expressões faciais de alegria ou de dor.

Geralmente, não temos consciência nem controle voluntário de toda essa sinalização não verbal. Por exemplo, em uma interação, quando estamos gostando do que está acontecendo, a nossa pupila dilata-se involuntária e inconscientemente. Claro que estou me referindo a situações em que não existe alteração de luminosidade, nem alteração química, porém é fato comprovado que quando a interação é prazerosa para a pessoa a sua pupila dilata-se. Podemos afirmar, por dados como esse, que na dúvida entre a mensagem verbal e a não verbal, as pessoas confiam nessa linguagem silenciosa, que fala da essência do ser humano, do que estamos sentindo.

Raríssimas vezes falamos tudo o que pensamos e/ou sentimos, mas para um bom entendedor somos sempre capazes de demonstrar o que estamos sentindo, porque muito dessa sinalização não verbal não é necessariamente consciente e também não tem controle voluntário. Quem tem pele clara sabe, p. ex., que ao sentir-se envergonhado ficará ruborizado, independente de querer ou não querer ficar, pois essa demonstração de vergonha independe da vontade. Também não temos a consciência de que os nossos olhos brilham quando estamos felizes e em paz.

Alguns exemplos de linguagem corporal, que devem ser interpretados sempre dentro do contexto comunicativo, levando-se em consideração toda uma conjunção de fatores:

- Braços cruzados – defensivo, resistente ou fechado para as ideias do outro. Também pode ser proteção ao frio e aconchego.
- Mãos no bolso e olhar cabisbaixo – inibição, desmotivação ou desconfiança.

- Coceiras – coçar braços, nariz ou pescoço pode significar dúvida, ou pior, que a pessoa está mentindo.
- Esconder a boca com a mão, desviar o olhar, piscar rapidamente os olhos e mudanças repentinas do tom de voz – sinais expressivos de que a pessoa deve estar mentido, dissimulando intenções ou ocultando fatos.
- Coçar o queixo – avaliação e pensamento.
- Puxar ou coçar a orelha – indecisão.
- Esfregar os olhos – cansaço, descrença, dúvida ou mentira.
- Mãos fechadas – frustração, ódio, agressividade ou revolta.
- Palma da mão virada para cima – receptividade, sinceridade, inocência, abertura.
- Alisar o cabelo – insegurança.
- Roer unhas – ansiedade e insegurança.
- Desviar o olhar – desconfiança, timidez ou falta de veracidade no que fala.
- Balançar és e pernas – nervosismo ou impaciência com o assunto abordado.
- Sentar-se de maneira desleixada e olhar distraído – indiferença, desinteresse, desprezo.
- Dilatação das pupilas – satisfação, interesse, felicidade, entusiasmo.
- Sorriso demorado – aprovação, consideração, simpatia, admiração ou, pelo contrário, decepção.

Importante: gestos, posturas e expressões faciais não devem ser interpretados de maneira isolada, sem a devida leitura do contexto no qual as pessoas estão inseridas. Não se pode chegar a conclusões precipitadas pela simples identificação de um ou dois indicadores não verbais.

REGRA DE OURO NA COMUNICAÇÃO

> *"Precisamos desenvolver a habilidade de nos colocar no lugar do outro e entender sua visão do mundo. Para isso, é preciso saber ouvir."*
> **William Ury**
> Antropólogo norte-americano, professor de Harvard, um dos maiores especialistas mundiais em negociação e resolução de conflitos

EXERCÍCIOS

1. Reúna um grupo de 4 a 8 colegas e reproduza a gravação de um vídeo em que uma pessoa esteja sendo entrevistada. Em seguida, peça que cada um faça um pequeno resumo do que escutou, registrando comentários sobre a postura do entrevistado e interpretando os sinais de nervosismo, tensão, agressividade, espanto, surpresa, desconfiança, descontração, ironia, malícia, sarcasmo etc.

É importante analisar o resultado final, ressaltando a importância de se prestar atenção aos elementos da comunicação não verbal. Muitas vezes, uma simples expressão fisionômica muda completamente o significado das palavras utilizadas na comunicação verbal. Freud costumava dizer que todos os comportamentos têm significado. Quando não prestamos atenção para o significado de determinados gestos ou atitudes, os outros certamente estarão interpretando o sentido de cada ato nosso de acordo com seus próprios pontos de vista.

Este exercício ajudará a compreensão da comunicação não verbal, que é composta por sinais que revelam como as pessoas de fato sentem-se em relação às mensagens verbais que estão enviando e recebendo.

2. Assista a um programa de debates na televisão, mas sem o som. Deixe apenas as imagens. Observe a capacidade de interação das pessoas e suas expressões fisionômicas, anotando as principais características da comunicação não verbal que mais lhe chamaram a atenção. Compare o resultado do seu exercício com o de outro colega e procurem identificar as atitudes e comportamentos dos participantes do debate, positivos ou negativos para o processo de comunicação.

3. Prepare uma rápida apresentação sobre um tema hipotético, imaginando um contexto e perfil do público ouvinte de sua escolha. Por exemplo, uma aula para jovens universitários, palestra para executivos e empresários, reunião de trabalho em que serão comunicadas mudanças na política de gestão da empresa, reunião do técnico da seleção brasileira com os jogadores antes de uma partida decisiva. Procure seguir os passos indicados no tópico "Bases para a boa comunicação na empresa e na vida", elaborando um pequeno roteiro do seu plano de apresentação.

4. Anote as suas comunicações no decorrer de um dia, começando ao acordar e prosseguindo durante todo o dia. Registre as pessoas com as quais se comunicou, quanto tempo em média gastou nisso e quais foram seus objetivos. Ao fim do dia, analise como foi gasto o seu tempo de comunicação. Questione-se nos seguintes pontos:

a) Quais foram meus objetivos mais frequentes na comunicação?
b) Qual o êxito na realização desses objetivos?
c) Quais os objetivos mais frequentes que pude perceber nas outras pessoas ao comunicarem-se comigo?
d) Em que aspectos poderia aperfeiçoar minha capacidade de comunicação para melhorar a interação com pessoas, a administração de conflitos e a resolução de problemas profissionais e pessoais?

COMUNICAÇÃO EMPRESARIAL: INSTRUMENTO ESTRATÉGICO DE GESTÃO   3

> *"O importante é procurar considerar a comunicação como uma ação integrada de meios, formas, recursos, canais e intenções. Felizmente, já se constata no Brasil a existência de profissionais e dirigentes que pensam em comunicação, de maneira estratégica, como forma de impulsionar e assessorar a administração na conquista de melhores resultados."*
>
> Francisco Gaudêncio Torquato do Rego
> Comunicação empresarial/Comunicação institucional

A comunicação empresarial caracteriza a relação da empresa com a sociedade e com os seus públicos interno e externo, envolvendo um conjunto de atividades, técnicas, atitudes e comportamentos, destinados à intensificação dos processos de emissão e recepção de mensagens, integração de pessoas e equipes, fortalecimento das relações humanas, empresariais e institucionais, consolidação da boa reputação e visibilidade no mercado.

A comunicação não é responsabilidade de um departamento ou divisão, mas o compromisso de todos que trabalham na empresa em desenvolver competências comportamentais e habilidades comunicativas, que favoreçam o compartilhamento de informações e a corresponsabilização por objetivos e metas. Cabem aos dirigentes empresariais e gestores desenvolver políticas e estratégias que favoreçam a construção de um ambiente de diálogo e transparência no cotidiano de trabalho.

DEMOCRATIZAÇÃO DA INFORMAÇÃO

Em toda a história da civilização, nunca foram tão intensos e rápidos os avanços científicos e tecnológicos, as mudanças de paradigmas no trabalho e na gestão empresarial, as transformações radicais nas áreas econômicas, políticas e sociais. Nunca as alterações de comportamentos e costumes das sociedades foram tão intensas e acentuadas como as que vivemos nesta primeira década do século XXI.

O ser humano, em um misto de perplexidade e curiosidade, acompanha as notícias dos avanços científicos e tecnológicos como se assistisse a um filme de ficção científica, em que tudo pode acontecer, inclusive, infelizmente, guerras biológicas e químicas, facilitadas pelo progresso da tecnologia da informação.

O processo de passagem do estudo (projeto de laboratório) à prática (concepção e produção nas fábricas) foi reduzido a uma escala tão veloz que o que hoje é noticiado como uma fabulosa descoberta dentro de poucos meses já poderá entrar no mercado via *on-line*. Tecnologias consideradas de ponta em pouco menos de um ano são absorvidas ou anuladas por novos avanços, em um processo contínuo e em ritmo acelerado.

Como muito bem definiu Peter Drucker, no livro *Sociedade pós-capitalista*, estamos vivendo a Era do Conhecimento e da Economia da Informação. Atualmente, o profissional agrega valor a si mesmo através da aquisição constante e renovada de informação. Ficou para trás o período em que o trabalho físico predominava sobre o intelectual. Na atualidade, a disposição para aprender e aperfeiçoar-se continuamente significa uma questão de sobrevivência profissional e organizacional. Isso provoca mudanças em todas as estruturas existentes no mundo, principalmente naquelas que querem se tornar mais competitivas.

Na Era do Conhecimento, a democratização da informação tem a sua importância destacada em todos os setores da sociedade. No entanto, como abordamos anteriormente, vivemos o paradoxo da fartura de informação e da falta de conhecimento.

Não falamos de conhecimento como erudição ou acumulação de normas, regras e instruções, mas do conhecimento aplicado às reais demandas da sociedade, aquelas voltadas para a solução do subdesenvolvimento, da má distribuição de renda mundial e das guerras étnicas, ideológicas, religiosas e comerciais.

Falamos do conhecimento fruto do pensamento crítico e reflexivo, que constata o turbilhão de barbaridades políticas, econômicas, sociais e ambientais, que tem levado o nosso planeta Terra à exaustão e o ser humano à incomunicabilidade, e busca alternativas viáveis para a construção de um novo modelo de desenvolvimento e de convivência entre as nações, grupos étnicos, religiosos e, finalmente, entre indivíduos.

O que parece complexo e muito complicado pode ser resolvido por um ato extremamente humano, designado pela palavra diálogo, que é derivada do grego *diá* "através de" e *lógos*, "palavra". Etimologicamente, diálogo significa conversação, troca de ideias e opiniões entre duas ou mais pessoas, entidades, instituições, povos e nações; falar alternadamente; conversar; travar ou manter entendimento com vista à solução de problemas comuns; trocar experiências e pontos de vista diferentes; entender-se; ou seja, basicamente, diálogo significa comunicar-se para bem viver.

Dialogar é uma arte que implica em saber ouvir, saber aceitar o diferente, saber respeitar o discordante e, até mesmo, tolerar o que pode ser uma agressão verbal, para não fechar a possibilidade de um entendimento ou, quem sabe, um convencimento pacífico e consensual.

A nosso ver, muito poderia ser resolvido pela abertura para o diálogo e o verdadeiro processo de comunicação, que, por meio do *feedback*, realça o caráter educativo e formador da democratização da informação, sempre comprometida com a aplicação do conhecimento para a resolução dos problemas que afligem a humanidade.

Cada vez mais, a importância da comunicação é destacada como fator fundamental para a busca constante de melhoria da qualidade no trabalho. Ao englobar a atividade e as políticas de emissão e captação de informações, a comunicação empresarial solidifica a cultura (crença e valores), as filosofias e as estratégias de ação de uma organização. Ou seja, ela é a responsável pela formação da imagem institucional, o que é considerado pelos grandes gurus do marketing como o principal patrimônio de uma empresa, uma entidade e até mesmo de um profissional.

IMAGEM INSTITUCIONAL

Dentro dos contextos de globalização e de mudanças da modernidade – caracterizada pelos avanços da informática e das telecomunicações –, a comunicação empresarial assume uma dimensão estratégica. Não é por acaso que as mais bem-sucedidas companhias internacionais, destacadas pela revista *Business Week*, desenvolvem a comunicação empresarial de forma integrada, permanente e sistêmica. Essas empresas perceberam a necessidade básica de mostrar o que elas são e fazem para consolidar a sua imagem institucional e evitar com isso os boatos e distorções, decorrentes da falta de comunicação, seja ela interna ou externa. Tem um dito milenar chinês que sintetiza bem essa questão: "se não mostrares o que és, permitirás que pensem o que não és".

A comunicação deixou de ser atividade-meio para ser utilizada como ferramenta estratégica de resultados das empresas e corporações na Europa, há pelo menos dez anos. A União Europeia incluiu no seu *board* a área de comunicação, que se reporta diretamente ao presidente.

O início dos anos de 1990 consolidou a atividade da comunicação empresarial sob o ponto de vista estratégico. Em todo o mundo, é cada vez maior o número de empresas líderes que destacam a comunicação como fator fundamental para o seu bom desempenho. Nas organizações mais modernas, é comum encontrar o profissional de comunicação empresarial como um dos membros do comitê de direção da empresa.

Atualmente, a sobrevivência das empresas e de qualquer outro empreendimento organizacional depende em muito da capacidade de assimilar novas informações, da agilidade em responder aos desafios do mercado e da sua flexibilidade em adaptar-se às constantes mudanças econômicas, tecnológicas e sociais.

Para atingir essas metas, é preciso desenvolver uma visão estratégica. É preciso saber pensar e planejar a longo prazo. É necessário analisar as influências e condicionantes do presente: avaliar os pontos fortes e fracos da empresa e fazer projeções para possíveis cenários, em perspectivas de curto, médio e longo prazos.

Os dados obtidos e os planos desenvolvidos a partir desse planejamento precisam ser bem divulgados e comunicados a todos os que trabalham na empresa. Nesse ponto, é fundamental que todos os escalões saibam o que a companhia espera para os próximos tempos e qual é o papel de cada um diante dessas expectativas.

COMUNICAÇÃO DE FATO PARA INTEGRAR PESSOAS E EQUIPES

> *"A comunicação é o sangue de uma organização;*
> *penetra todas as suas atividades."*
> Everett M. Rogers e Rekha Agarwala-Rogers,
> autores do livro Communication in Organization

Em meados da década de 1990, tornou-se comum dizer que a comunicação era "fator de integração na empresa". Era uma forte tendência no meio empresarial mencionar essa "frase de efeito" em entrevistas e textos de marketing institucional. Falava-se muito em "comunicação como fator de integração", mas no fundo pouco se acreditava nela, pois os modelos de gestão na prática não davam o devido valor à função estratégica da comunicação franca e aberta para a integração de pessoas, equipes, ideias, esforços e competências.

Na primeira década de 2000, a inclinação maior foi para o investimento em tecnologia da informação e meios de comunicação, ainda em detrimento ao desenvolvimento de uma verdadeira e pragmática cultura de abertura para a comunicação e o relacionamento humano.

Por volta de 2005, algumas grandes organizações começaram a perceber a inutilidade de desenvolver políticas de comunicação empresarial dissociadas da cultura organizacional e das atitudes e comportamentos dos seus dirigentes e funcionários. Era muito contraditório e incoerente a empresa destacar em sua filosofia e valores a "função estratégica da comunicação" e internamente suas diretorias, equipes e profissionais competirem entre si feito gladiadores em busca da sobrevivência.

Após a virada da primeira década de 2000, muitas empresas começaram a constatar que a comunicação empresarial ia muito além da aplicação de recursos financeiros em tecnologia, mídias ou sistemas de informação. Começou-se, então, a perceber a crucial importância das atitudes e competências comportamentais para a concretização de um verdadeiro ambiente de integração e de abertura para a comunicação.

Houve o vislumbrar de uma conscientização para a importância de validação das políticas de comunicação empresarial através de corações e mentes abertos à cultura do diálogo. Percebeu-se mais claramente que, muito mais do que uma infraestrutura tecnológica e informacional, a comunicação de fato acontece por meio de atitudes e comportamentos de disposição ao relacionamento humano e à convivência produtiva das diversidades de opiniões, percepções e perfis profissionais.

O problema das comunicações precárias vai se refletir seguramente em dificuldades de integração e corresponsabilização por objetivos e metas em comum. Uma má comunicação, pela insegurança que gera e pela sensação de perda de controle, estimula os estilos de gestão centralizadora e autoritária. O clima decorrente fomenta relações conflituosas. Tende a transformar a competitividade em disputas predatórias e autofágica.

A boa comunicação é condição básica para a saúde orgânica da cultura empresarial, que consolida valores voltados para a unidade de pensamento e de ação, algo muito diferente de ação e pensamento únicos, estes sim, fatores característicos de ambientes sem diálogo, em que predominam a incomunicabilidade e a desinformação.

A comunicação interna e a comunicação externa integram-se na formação da Imagem Institucional, que é um dos principais pilares que mantêm a empresa viva e em condições de se perpetuar.

Quando a comunicação é precária, seguramente isso vai se refletir em conflitos interáreas, comportamentos individualistas, atitudes ensimesmadas e dificuldades no relacionamento humano. A má comunicação, pela insegurança que gera e pela sensação de perda de controle, estimula gestões centralizadoras e autoritárias, gerando ambientes nos quais imperam relações hostis e desagregadoras. Esse cenário tende a transformar os relacionamentos em disputas predatórias e rancorosas.

A comunicação interpessoal é uma fonte segura e inesgotável de geração de ideias e soluções. De uma simples conversa podem nascer ideias inovadoras, soluções criativas, projetos pioneiros, aperfeiçoamento de processos e iniciativas empreendedoras de sucesso.

Guiadas por essa conclusão, muitas organizações começaram a incentivar a realização de encontros periódicos de conversação, reunindo dirigentes e funcionários para a reflexão coletiva e dialogada sobre temas diretamente relacionados ao cotidiano de trabalho. O sucesso dessas iniciativas apareceu explicitamente nos resultados positivos das pesquisas de clima organizacional, indicando a melhoria dos ambientes de trabalho, na linha do entendimento, integração, cooperação, produtividade, comprometimento e motivação.

Comunicação, sem comunicação

Muitas empresas ainda vivem atreladas ao paradoxal dilema da "comunicação sem comunicação", que significa ater-se ao formal e instrumental, negligenciando a essência que está ligada à qualidade das relações humanas e da prática do diálogo e do compartilhamento de informações e conhecimento.

Uma situação bem ilustrativa dessa dissonância cognitiva encontra-se na falta do exercício do diálogo reinante em áreas corporativas que deveriam primar nesse quesito, tais como: Recursos Humanos, Relações com o Mercado, Atendimento ao Público e Comunicação Corporativa. E ainda, os presidentes, diretores, assessores e gerentes que se dizem líderes abertos à conversação, compartilhamento de ideias e negociação, mas que se comportam com prepotência e agem com intolerância e arrogância no dia a dia de trabalho.

As dissonâncias cognitivas são as incoerências e contradições que cometemos diariamente, ao agirmos de forma destoante com o que pensamos ou idealizamos. É a distância existente entre aquilo que definimos como certo e o que fazemos de concreto. Na comunicação social, isso fica muito claro pela enorme distância existente entre o discurso e a prática.

Comumente, há transmissão de dados e divulgação de informações, mas não se estabelece um vínculo efetivo de comunicação, pois não se concretiza o retorno desse processo. De um modo geral, a falta de *feedback* é predominante na cultura organizacional. Atrás de todo problema corporativo há, como questões essenciais, pouca comunicação e muitos relacionamentos conflituosos.

Paradoxos são verdades tão óbvias que, ao não serem adequadamente percebidas, são deturpadas na hora da aplicação. A vida nas organizações está povoada de situações paradoxais. Comunicação, sem comunicação, é uma das contradições empresariais mais evidente e facilmente percebida no cotidiano corporativo.

A prática tem demonstrado que, muitas vezes, quanto mais avançada a tecnologia da comunicação, mais críticos tornam-se os relacionamentos. A tecnologia implica recursos para superar distâncias e agilizar processos, mas quando substitui o contato humano direto torna-se uma mera relação entre máquinas. Um *e-mail*, por exemplo, quando não passa sentimento é apenas um instrumento informacional, sujeito a equívocos na interpretação.

A tecnologia colocada à nossa disposição favorece o acesso às informações sobre praticamente tudo o que imaginarmos. Por meio da internet, utilizando *tablets* ou *smartphones*, podemos conversar virtualmente com pessoas das mais distantes regiões e nas mais diversas situações de trabalho ou lazer. Porém, nenhuma tecnologia, por mais arrojada que seja, substitui a riqueza do contato humano direto, *tête-à-tête*, olho no olho.

Antes de ser instrumental, a comunicação é essencialmente humana e extremamente humanizadora. De nada servem veículos e canais formais de comunicação interna e externa – premiados ou não – se não houver atitudes e comportamentos positivos que estimulem a livre interação de pensamentos, opiniões e ideias. Pela via do diálogo e do relacionamento humano podemos – e devemos – alcançar a meta da cultura da comunicação, conquista essencial para a integração de pessoas e equipes.

Interação humana

É dentro dessa perspectiva que muitas organizações vêm investindo cada vez mais em destacar a cultura da comunicação para promover a saúde integral do empreendimento e das pessoas que para ele trabalham, abrangendo programas de educação corporativa na linha do desenvolvimento comportamental.

Com foco na conscientização e amadurecimento de atitudes e comportamentos, muitas empresas investem, periodicamente, na realização de cursos, *workshops* e dinâmicas de grupo, com títulos sugestivos, tais como: felicidade no trabalho; saber ouvir; comunicação intrapessoal; reflexão e ação; criatividade para gerar soluções; superação de conflitos e impasses; relacionamento humano; dar e receber *feedback*; a arte do diálogo; entusiasmo para fazer acontecer; atitude de cooperação e humanização do ambiente de trabalho.

Alguns podem questionar: o que isso tem a ver com comunicação empresarial? Podemos afirmar com segurança que tem tudo a ver com construção de uma cultura da comunicação. A conscientização de valores humanos e o desenvolvimento comportamental servem de base sólida e segura para qualquer empresa se relacionar eficazmente com seus públicos externos, internos e com a sociedade.

A cultura da comunicação pressupõe a construção participativa e orgânica de um ambiente de trabalho favorável ao relacionamento humano, à transmissão e recepção de informações, ao compartilhamento de conhecimentos, quebrando a hierarquia na distribuição do saber, ao considerar que todos os funcionários, independentemente da sua função, contribuem efetivamente para a concretização dos objetivos, metas e missão da empresa.

Com o grande desafio de promover a interação e relacionamento de profissionais e equipes, algumas empresas estão ousando na realização de programas do tipo "Pessoas que se falam" ou "Um dia sem e-mail", que objetivam incentivar a comunicação interpessoal e a interação humana e profissional.

Como a rotina de trabalho é muito intensa, os computadores acabam virando uma ferramenta de incomunicabilidade interpessoal. Sem *feedback* pessoal e contato humano a comunicação é sempre precária e incompleta. As pessoas acabam se habituando a usar *e-mail* para tudo e se viciando nessa ferramenta eletrônica, sem perceber que muitos processos ou problemas do cotidiano seriam melhor encaminhados e resolvidos através de um encontro presencial.

Em uma rotina marcada pelo envio de *e-mails* é muito comum as pessoas acabarem se acostumando a ficar na frente da tela do computador por cerca de 80% do tempo de trabalho – percentual registrados, com frequência, por pesquisas organizacionais – e deixando de interagir com pessoas próximas, que poderiam favorecer a qualidade e eficiência dos seus desempenhos e resultados. Chega-se à distorções tais como a de profissionais que trabalham em uma mesma empresa, no mesmo prédio, e estão meses trocando *e-mails* sem se conhecerem pessoalmente. Essa situação costuma reforçar ambientes de extrema formalidade e burocracia, propiciando situações absurdas como a de pessoas que trabalham ao lado uma da outra, mas que se comunicam por via eletrônica e verbalmente trocam apenas um curto e formal cumprimento de rotina, como um impessoal e vazio "bom-dia".

Sucesso do diálogo

Toda organização produz a partir dos fluxos de informações e processos de comunicação. No entanto, por melhor equipada e estruturada que seja uma empresa, ela só funcionará com produtividade e qualidade se puder contar com pessoas e equipes integradas. As linhas de comunicação de cada área ou setor precisam estar interligadas e interagindo para que a organização funcione como um sistema integrado de emissão e recepção de informações, com pessoas se relacionando e cooperando mutuamente para o alcance dos melhores desempenhos e resultados, nos planos individuais, coletivos, globais e planetários. Não podemos esquecer que todo empreendimento afeta e é afetado por dimensões pessoais e socioambientais.

Acompanhando a demanda mundial por mudanças de mentalidade e comportamento nas relações humanas e empresariais, a comunicação organizacional está evoluindo. O ser humano é educável. Já está provado cientificamente que, independentemente das faixas etárias, toda pessoa tem condições de evoluir, tanto no plano intelectual como no comportamental, se for devidamente sensibilizada e conscientizada para isso. E o maior educador do mundo chama-se exemplo. É por meio de ações práticas e efetivas que transmitimos valores e comportamentos. Não adianta definir "como deve ser feito" se não agirmos de forma coerente com o que pregamos. No que diz respeito à comunicação, a melhor maneira de educar é por meio de dinâmicas de grupo onde se estimule o relacionamento, a troca de opiniões, o intercâmbio de ideias e a convivência da diversidade.

Aí sim se estará exercendo a função estratégica da comunicação, visando o aprimoramento contínuo da empresa para a concretização do seu propósito maior de existência: o atendimento com padrão de excelência às reais demandas dos seus clientes.

O PÚBLICO QUE SE DANE!

Essa era a resposta predileta do empresário norte-americano Willian Henry Vanderbilt a qualquer reclamação dos passageiros sobre os serviços prestados por sua companhia ferroviária. O ano de 1882 caracterizou-se como um tempo em que os empresários e políticos preferiam que a comunicação empresarial e os jornalistas não existissem.

No início do século XX, por exemplo, o presidente da DuPont, Irving Shapiro, ainda afirmava que "é possível sair-se bem nos negócios seguindo-se quatro regras: ater-se aos negócios, ficar fora de encrencas, associar-se aos clubes certos e não conversar com repórteres".

> Muitos dirão: "isso é coisa do passado". Nem tanto. Muitas empresas ainda preferem manter sob sigilo informações básicas sobre o seu funcionamento e, com isso, enfrentam muitas dificuldades para encarar crises, originadas por matérias veiculadas pela mídia, ou por críticas feitas por clientes – em seções tipo "Cartas do Leitor". Muitas vezes, são críticas relacionadas aos seus serviços, produtos e procedimentos, que acabam sendo difundidas pela mídia, em razão da falta de canais de comunicação com a empresa.
>
> Fonte: *O público que se dane*, de Boanerges Lopes. Rio de Janeiro: Mauad, 1995; *O que é assessoria de imprensa*, de Boanerges Lopes. Brasiliense, 1994.

SUA EXCELÊNCIA, O CLIENTE

No cenário de internacionalização da economia, que destaca o papel do cliente-consumidor, crescentemente mais exigente, a comunicação empresarial e o constante aperfeiçoamento dos recursos humanos passam a exercer função básica na moderna gestão empresarial.

As estratégias concentram-se na satisfação das necessidades e aspirações do cliente, que se torna mais bem informado e exigente. As organizações perceberam o quanto é importante estarem mais próximas do cliente e sentiram a necessidade de criar instrumentos que possam garantir uma comunicação mais eficiente. A estratégia da comunicação tornou-se de grande valor nesse novo processo.

Diante desse quadro, o novo papel desempenhado pela comunicação empresarial contribui para a concretização das metas de sobrevivência das empresas. Nesse sentido, atua como facilitadora do trabalho conduzido pela direção, que tem a decisão sobre os rumos das operações, e pelas gerências, que orientam o trabalho das pessoas que farão a organização alcançar as metas previstas.

> **CÓDIGO DE ÉTICA DO JORNALISTA**
>
> **I – Do Direito à Informação**
>
> **Artigo 1º -** O acesso à informação pública é um direito inerente à condição de vida em sociedade, que não pode ser impedido por nenhum tipo de interesse.

> **Artigo 2º** – A divulgação da informação, precisa e correta, é dever dos meios de comunicação pública, independentemente da natureza de sua propriedade.
> **Artigo 3º** – A informação divulgada pelos meios de comunicação pública se pautará pela real ocorrência dos fatos e terá por finalidade o interesse social e coletivo.
> **Artigo 4º** – A prestação de informações pelas instituições públicas, privadas e particulares, cujas atividades produzam efeito na vida da sociedade é uma obrigação social.
> **Artigo 5º** – A obstrução direta ou indireta a livre divulgação da informação e a aplicação de censura ou autocensura são um delito contra a sociedade.
>
> Fonte: Federação Nacional dos Jornalistas (FENAJ).

O CLIENTE E O SEU DIREITO À INFORMAÇÃO

O acesso à informação objetiva, clara e precisa sobre o produto colocado no mercado ou do serviço oferecido, suas características, qualidades e riscos, dentre outros, constitui direito básico e princípio fundamental do consumidor. Com isso, toda informação prestada no momento de contratação com o fornecedor, ou mesmo anterior ao início de qualquer relação, vincula o produto ou serviço a ser colocado no mercado – art. 30 do Código de Defesa do Consumidor (CDC). Aliás, a informação constitui componente necessário e essencial ao produto e ao serviço, que não podem ser oferecidos sem ela.

O direito à informação está diretamente ligado ao princípio da transparência (art. 4º do CDC), traduzindo-se na obrigação do fornecedor de dar ao consumidor a oportunidade prévia de conhecer os produtos e serviços.

Além do CDC, a Lei de Acesso à Informação (LAI) – sancionada em 2011 – veio regulamentar os princípios de publicidade e transparência, já consagrados na Constituição Federal. A LAI favorece a qualquer cidadão encaminhar pedido de acesso à informação aos órgãos públicos, autarquias, fundações e empresas públicas ou mesmo às organizações privadas que recebam recursos públicos.

LEI DE ACESSO À INFORMAÇÃO

A Lei n. 12.527, sancionada pela Presidenta da República em 18 de novembro de 2011, tem o propósito de regulamentar o direito constitucional de acesso dos cidadãos às informações públicas e seus dispositivos são aplicáveis aos três Poderes da União, Estados, Distrito Federal e Municípios.

A publicação da Lei de Acesso a Informações significa um importante passo para a consolidação democrática do Brasil e também para o sucesso das ações de prevenção da corrupção no país. Por tornar possível uma maior participação popular e o controle social das ações governamentais, o acesso da sociedade às informações públicas permite que ocorra uma melhoria na gestão pública.

No Brasil, o direito de acesso à informação pública foi previsto na Constituição Federal, no artigo 5º, inciso XXXIII do Capítulo I - dos Direitos e Deveres Individuais e Coletivos - que dispõe que:

> todos têm direito a receber dos órgãos públicos informações de seu interesse particular, ou de interesse coletivo ou geral, que serão prestadas no prazo da lei, sob pena de responsabilidade, ressalvadas aquelas cujo sigilo seja imprescindível à segurança da sociedade e do Estado.

A Constituição também tratou do acesso à informação pública no Art. 5º, inciso XIV, Art. 37, § 3º, inciso II e no Art. 216, § 2º. São estes os dispositivos que a Lei de Acesso a Informações regulamenta, estabelecendo requisitos mínimos para a divulgação de informações públicas e procedimentos para facilitar e agilizar o seu acesso por qualquer pessoa.

Fonte: www.acessoainformacao.gov.br.

Muitas empresas instituíram a figura do *ombudsman* (ouvidor de críticas). Porém, a inexistência de políticas de comunicação e a escolha de profissionais sem qualificação especializada para exercerem a função acabam gerando distorções do tipo: "Sou responsável pelo Serviço de Atendimento aos Chatos (SACs)". Essa foi a "brincadeira" feita pelo "responsável" dessa área de uma grande empresa, prestadora de serviços públicos de São Paulo. Esse triste comentário foi dirigido aos jornalistas que participavam de uma entrevista coletiva, na qual o presidente da companhia divulgaria o lançamento de um produto de alta tecnologia e o novo Programa de Atendimento aos Clientes, que seria coordenado pelo despreparado *ombudsman*, mencionado anteriormente.

Estudo da revista *Fortune*, publicado no final da década de 1990, mostrou que os principais executivos das 500 maiores empresas norte-americanas investiam aproximadamente 80% de seu tempo em comunicação. Esse percentual envolvia atividades que iam da leitura de correspondências, *e-mails* e *clippings*, atendimento a telefonemas, a encontros com acionistas, jornalistas, autoridades e clientes. O mais interessante desse estudo foi a percepção de que a comunicação empresarial deixou de ser responsabilidade de uma área de especialistas – jornalistas, relações públicas e publicitários – para se tornar uma atribuição estratégica permanente e administrada por quem tem o leme de uma organização.

Em 1906, o empresário norte-americano Yve Lee divulgou nos principais jornais dos Estados Unidos a sua *Declaração de Princípios*, destacando que todo o seu trabalho é feito às claras, com o intuito de divulgar notícias com valor e interesse para a sociedade e não distribuir anúncios. Nascia aí a filosofia da transparência.

> *A empresa deve investir para ser bem informada, para bem informar a opinião pública e o seu público específico sobre tudo o que envolve a sua atuação, seus produtos e serviços.*

A postura das empresas de isolamento em relação à sociedade, que tem a sua origem no modelo de produção taylorista, começou a mudar na década de 1960, junto com as inúmeras transformações políticas e econômicas. A partir daí, a administração assumiu o que se convencionou chamar de Escola de Gestão, na qual a comunicação, por razões econômicas e gerenciais, passou a ser condição elementar para o sucesso dos negócios.

A empresa deve investir para ser bem informada e para bem informar a opinião pública e o seu público específico sobre tudo o que envolve a sua atuação, seus produtos e serviços. A abertura para a comunicação – falar, ouvir e dar *feedback* – deve estar incorporada à cultura da empresa. Não podemos nunca nos esquecer que a comunicação é um processo social básico e a informação é o seu principal elemento.

Foi o governo Vargas que estabeleceu oficialmente em 1938 pela primeira vez um serviço de divulgação à sociedade e de atendimento à imprensa, ligado ao Gabinete Civil em plena ditadura do Estado Novo. O poder centralizado e a censura do DIP, Departamento de Imprensa e Propaganda, só permitiam promoções voltadas para valorizar o personalismo de Vargas. O objetivo era "divulgar" os atos do presidente e as obras realizadas naquele período.

No Brasil, as empresas começaram a perceber a importância da comunicação em meados da década de 1960. Porém, o golpe militar de 1964 acentuou o aspecto negativo de controle da informação e da liberdade de expressão do DIP. De um modo geral, os profissionais das repartições públicas eram forçados a esconder os fatos verdadeiros da imprensa e a encarar os jornalistas como "inimigos mortais".

Na década de 1970, aconteceu uma rápida expansão das assessorias de comunicação, mas, infelizmente, ainda sob o impacto do controle da informação para a opinião pública, exercido pelo governo. Esse foi o período do *boom* das relações públicas. Toda empresa queria ter um "jornalzinho", que geralmente era coordenado pela área de relações públicas ou pelo departamento de pessoal.

As empresas simplesmente divulgavam o que queriam e não o que pudesse interessar ao seu público. Hoje, o acesso à informação é um direito adquirido de todo o cidadão destacado pela Constituição brasileira e pelo Código de Defesa do Consumidor.

Atualmente, uma empresa pode divulgar o que quer por meio da propaganda. Porém, a cidadania empresarial recomenda que ela informe o que é importante para seus clientes e para a sociedade de um modo geral. Não se pode esquecer que a Lei de Acesso à Informação está vigorando e incentivando o cidadão a se conscientizar sobre os seus direitos em ser informado sobre tudo o que diz respeito aos produtos que consome e aos serviços que utiliza.

O DIREITO À INFORMAÇÃO É ASSEGURADO A TODOS OS CIDADÃOS PELA CONSTITUIÇÃO FEDERAL BRASILEIRA

TÍTULO VIII
Capítulo V
DA COMUNICAÇÃO SOCIAL

Art. 220. A manifestação do pensamento, a criação, a expressão e a informação, sob qualquer forma, processo ou veículo não sofrerão qualquer restrição, observado o disposto nesta Constituição.

§ 1º Nenhuma lei conterá dispositivo que possa constituir embaraço à plena liberdade de informação jornalística em qualquer veículo de comunicação social, observado o disposto no art. 5º, IV, V, X, XIII e XIV.

§ 2º É vedada toda e qualquer censura de natureza política, ideológica e artística.

§ 3º Compete à lei federal:

I – regular as diversões e espetáculos públicos, cabendo ao Poder Público informar sobre a natureza deles, as faixas etárias a que não se recomendem, locais e horários em que sua apresentação se mostre inadequada;

II – estabelecer os meios legais que garantam à pessoa e à família a possibilidade de se defenderem de programas ou programações de rádio e televisão que contrariem o disposto no art. 221, bem como da propaganda de produtos, práticas e serviços que possam ser nocivos à saúde e ao meio ambiente.

§ 4º A propaganda comercial de tabaco, bebidas alcoólicas, agrotóxicos, medicamentos e terapias estará sujeita a restrições legais, nos termos do inciso II do parágrafo anterior, e conterá, sempre que necessário, advertência sobre os malefícios decorrentes de seu uso.

§ 5º Os meios de comunicação social não podem, direta ou indiretamente, ser objeto de monopólio ou oligopólio.

§ 6º A publicação de veículo impresso de comunicação independe de licença de autoridade.

Art. 221. A produção e a programação das emissoras de rádio e televisão atenderão aos seguintes princípios:

I – preferência a finalidades educativas, artísticas, culturais e informativas;

II – promoção da cultura nacional e regional e estímulo à produção independente que objetive sua divulgação;

III – regionalização da produção cultural, artística e jornalística, conforme percentuais estabelecidos em lei;

IV – respeito aos valores éticos e sociais da pessoa e da família.

Art. 222. A propriedade de empresa jornalística e de radiodifusão sonora e de sons e imagens é privativa de brasileiros natos ou naturalizados há mais de 10 (dez) anos, ou de pessoas jurídicas constituídas sob as leis brasileiras e que tenham sede no País.

§ 1º Em qualquer caso, pelo menos 70% (setenta por cento) do capital total e do capital votante das empresas jornalísticas e de radiodifusão sonora e de sons e imagens deverá pertencer, direta ou indiretamente, a brasileiros natos ou naturalizados há mais de 10 (dez) anos, que exercerão obrigatoriamente a gestão das atividades e estabelecerão o conteúdo da programação.

Parágrafo com redação dada pela Emenda Constitucional n. 36, de 28.05.2002.

§ 2º A responsabilidade editorial e as atividades de seleção e direção da programação veiculada são privativas de brasileiros natos ou naturalizados há mais de 10 (dez) anos, em qualquer meio de comunicação social.

Parágrafo com redação dada pela Emenda Constitucional n. 36, de 28.05.2002.

§ 3º Os meios de comunicação social eletrônica, independentemente da tecnologia utilizada para a prestação do serviço, deverão observar os princípios enunciados no art. 221, na forma de lei específica, que também garantirá a prioridade de profissionais brasileiros na execução de produções nacionais.

Parágrafo acrescentado pela Emenda Constitucional n. 36, de 28.05.2002.

§ 4º Lei disciplinará a participação de capital estrangeiro nas empresas de que trata o § 1º.

Parágrafo acrescentado pela Emenda Constitucional n. 36, de 28.05.2002.

§ 5º As alterações de controle societário das empresas de que trata o § 1º serão comunicadas ao Congresso Nacional.

Parágrafo acrescentado pela Emenda Constitucional n. 36, de 28.05.2002.

Art. 223. Compete ao Poder Executivo outorgar e renovar concessão, permissão e autorização para o serviço de radiodifusão sonora e de sons e imagens, observado o princípio da complementaridade dos sistemas privado, público e estatal.

§ 1º O Congresso Nacional apreciará o ato no prazo do art. 64, §§ 2º e 4º, a contar do recebimento da mensagem.

§ 2º A não renovação da concessão ou permissão dependerá de aprovação de, no mínimo, dois quintos do Congresso Nacional, em votação nominal.

§ 3º O ato de outorga ou renovação somente produzirá efeitos legais após deliberação do Congresso Nacional, na forma dos parágrafos anteriores.

§ 4º O cancelamento da concessão ou permissão, antes de vencido o prazo, depende de decisão judicial.

> § 5º O prazo da concessão ou permissão será de dez anos para as emissoras de rádio e de quinze para as de televisão.
> **Art. 224.** Para os efeitos do disposto neste capítulo, o Congresso Nacional instituirá, como órgão auxiliar, o Conselho de Comunicação Social, na forma da lei.
> *Fonte: Constituição da República Federativa do Brasil. São Paulo: Saraiva, 2008.*

Os anos de 1980 consolidaram a área de comunicação nas empresas, que buscavam divulgação da sua imagem institucional e dos seus produtos e serviços pelas assessorias de imprensa. Muitas empresas públicas, como Petrobras, Embratel e Companhia Vale, consolidaram grandes sistemas de comunicação, envolvendo as áreas de assessoria de imprensa, comunicação interna e relações públicas. O exemplo era seguido, porém de forma mais tímida, por grandes empresas do setor privado, que ainda preferiam se utilizar dos serviços das agências de propaganda para cuidar da sua comunicação com o público.

No final dos anos 1980, e princípio da década de 1990, toda empresa queria ter a sua Assessoria de Comunicação Social, coordenada por um profissional com formação superior específica. A maioria das empresas estavam voltadas para os princípios do Controle de Qualidade Total, visando ao atendimento dos clientes dentro de padrões de excelência.

Segundo 615 executivos americanos ouvidos pelo Instituto Gallup, no final dos anos de 1990, o atendimento de qualidade ao cliente seria fator determinante para o crescimento das empresas na década seguinte, o que realmente tem se confirmado no atual contexto empresarial. As empresas então orientaram seu foco para o consumidor. As *customer--driven companies* esforçam-se para melhorar a qualidade oferecida aos clientes em todas as áreas.

Parece óbvio querer saber o que o cliente pensa a respeito de seu produto/serviço. Sendo assim, como conseguir o *feedback* dele? Um serviço de atendimento ao consumidor é uma boa alternativa quando existem recursos para tanto. A voz de seu público vai fazer prosperar o negócio. A relação empresa/cliente é como um namoro que pode se desgastar com o tempo por conta de insatisfações e ressentimentos sucessivos. Quando a empresa sabe ouvir e se ajustar, a relação evolui e se fortalece.

Mais do que tratar bem quem é a maior razão do seu desempenho, é preciso agregar valor (benefícios) a produtos e serviços objetivando superar as expectativas do cliente. Um bom canal de comunicação para ouvir críticas e sugestões é o principal mecanismo para essa tarefa nada fácil. Promover a melhora do atendimento e da qualidade de produtos e serviços complementa a ação. Infiel por natureza, o cliente pode abandonar a sua empresa sem motivo aparente, ou com uma desculpa esfarrapada.

O cliente precisa ser visto como um consultor, alguém que pode orientá-lo na árdua tarefa de oferecer serviços cada vez melhores. É preciso aprender com ele.

O serviço ao cliente deve ser um relacionamento, e não uma transação comercial. A empresa só vai receber ensinamentos úteis de seus clientes se eles sentirem da parte da empresa um real interesse em criar uma parceria.

Todo problema com o cliente é uma oportunidade de aprender coisas importantes. É uma oportunidade, também, para iniciar um relacionamento: afinal, o melhor serviço que uma empresa pode prestar a seu cliente é resolver o problema dele – resolver direito, com rapidez e eficiência.

Atender o cliente com qualidade, ou satisfazê-lo, é uma filosofia empresarial baseada na parceria. É fundamental compreender-se que atender o cliente com qualidade não se resume a tratá-lo bem, com cortesia. Mais do que isso, hoje significa agregar valor (leia-se benefícios) a produtos e serviços objetivando superar as expectativas do cliente. Para tal, é necessário se estabelecer um canal de comunicação direto entre cliente e empresa, por meio do qual o cliente é atenta e permanentemente ouvido e suas críticas e sugestões são transformadas em especificações de melhores produtos e serviços, na ótica do cliente.

Estudos demonstram que, para a maioria das pessoas, a qualidade do serviço é pelo menos 8% mais importante do que seu preço; por isso, consumidores estão dispostos a pagar entre 9 e 16% mais caro por serviços de qualidade.

A designação de um *ombudsman* ou ouvidor não deve ser confundida com sistema de reclamação, que no setor privado brasileiro, por exemplo, funciona por meio dos Serviços de Atendimento ao Cliente. Os SACs, como são conhecidos, têm papel diferente do *ombudsman*, ou ouvidor. Aqueles têm procedimentos definidos para atender às demandas dos consumidores, enquanto o *ombudsman* tem atribuições mais amplas na organização. O *ombudsman* percebe o padrão de qualidade da empresa sob a ótica do cliente e, com sua visão e independência, pode mobilizar toda a organização em função do cliente.

É bom observar que o ouvidor/*ombudsman* precisa ter acesso direto à presidência da empresa, para impedir que críticas importantes estacionem na gaveta de algum gerente ou diretor pouco afeito a mudanças. O ouvidor é o elemento de ligação entre a alta administração e o consumidor. É uma instância muito diferente do tradicional serviço de atendimento ao consumidor.

OMBUDSMAN: OUVIR O CLIENTE É FUNDAMENTAL

Ombudsman é uma palavra de origem sueca (*umbodhsmadhr*) que surgiu em 1809 quando o Parlamento da Suécia decidiu ter um representante dos cidadãos dentro do Parlamento. *Ombuds* quer dizer representante e *man*, cidadão, ou seja, *ombudsman* quer dizer *representante do cidadão*.

O *ombudsman* tem como função defender as manifestações do cidadão perante algum órgão, seja uma reclamação, um elogio ou uma sugestão. É o cargo dado a uma pessoa que vai ter relação direta com o dirigente da instituição, seja ela pública ou privada, para garantir um eficiente canal de comunicação entre o emissor e o receptor de serviços.

No Brasil, a função de *ombudsman* ganhou força nos últimos 20 anos, enquanto em outros países do mundo já é conhecida há muito mais tempo. Em nosso país, a primeira empresa privada a ter um *ombudsman* foi o Grupo Rodhia, em 1981. A ideia rendeu bons frutos, mas não foi suficiente para que o mercado brasileiro aderisse à novidade.

Em 1989, o jornal *A Folha de S. Paulo* criou o cargo de *ombudsman* para garantir satisfação total aos seus leitores, cobrando uma melhor qualidade de informações e criando um contato direto com os clientes insatisfeitos e a direção do grupo. Depois veio o Banco Nacional e, logo em seguida, ainda em 1990, surgiu o *ombudsman* da Associação Brasileira das Indústrias de Elétricos e Eletrônicos

(Abini). Ouvidores ou *ombudsman* são dois termos designados para pessoas com a mesma função. A única diferença é que ouvidor é um termo mais usado em instituições públicas e *ombudsman* em instituições privadas.

Nas empresas, o *ombudsman* tem a função de defender e brigar pelos direitos do cidadão. Se for um *ombudsman* interno de uma empresa, ele vai lutar pelos direitos dos funcionários e se for externo, dos consumidores, nos dois casos frente ao dirigente da empresa.

Quando a função foi criada dentro das empresas privadas brasileiras muita gente confundia o trabalho do *ombudsman* com o SAC (Serviço de Atendimento ao Consumidor). Um setor é bem diferente do outro dentro de uma empresa e podem existir paralelamente. O SAC esclarece dúvidas, presta informações e pode até registrar as queixas dos consumidores, mas quem vai atrás da causa do problema, quem checa a informação e quem luta pela solução do problema com a presidência é o *ombudsman*.

As empresas do setor privado estão ficando cada vez mais preocupadas com o fato de ter um *ombudsman*. Pesquisas realizadas pela USP concluíram que a cada 100 consumidores insatisfeitos, apenas 4 manifestam sua opinião ou reclamam, o restante simplesmente não volta mais a contar com os serviços daquela empresa.

Outras pesquisas, desta vez realizadas nos Estados Unidos, mostram que 68% dos clientes de grandes redes varejistas simplesmente abandonam a empresa quando insatisfeitos sem ao menos efetuar uma reclamação.

Fonte: Associação Brasileira de Ouvidores/Ombudsman (ABO – Nacional). Disponível em: http://www.abonacional.org.br

COMUNICAÇÃO NA EMPRESA

Comunicação empresarial é a relação da empresa com o seu público interno e externo, envolvendo um conjunto de procedimentos e técnicas destinados à intensificação do processo de comunicação e à difusão de informações sobre as suas atuações, resultados, missão, objetivos, metas, projetos, processos, normas, procedimentos, instruções de serviço etc. É um recurso estratégico de gestão que, quando bem aproveitado, pode garantir o funcionamento coeso, integrado e produtivo da empresa, ou seja, a comunicação tem todo potencial para ser uma vantagem competitiva ou um enorme problema.

A comunicação empresarial pode ser subdividida em:

- *Comunicação interna*. Direcionada a funcionários e colaboradores diretamente vinculados à empresa.
- *Comunicação externa*. Relacionada a clientes, fornecedores, acionistas, empresas concorrentes, mídia, governo, órgãos públicos, escolas, sindicatos e à sociedade de um modo geral (opinião pública).
- *Assessoria de imprensa*. Funciona integrada ao processo de comunicação externa da empresa e cuida do fluxo de notícias e informações da empresa para a mídia (jornal, revista, televisão, rádio e internet) e o seu relacionamento com jornalistas e públicos formadores de opiniões ligados à comunicação social.

> Comunicação interna – empresa e funcionários
> Comunicação externa – empresa e sociedade
> Assessoria de imprensa – empresa e mídia

A comunicação na empresa ocorre em dimensões bem distintas: *intrapessoal, interpessoal e interfuncional.*

a) *Intrapessoal*: um nível fundamental, do qual nem sempre nos lembramos, é o da comunicação consigo mesmo. Corresponde ao diálogo interior em que debatemos e questionamos os nossos pensamentos, dúvidas, certezas, opiniões, decisões e escolhas. É um processo de reflexão, discussão interior, que dá embasamento às ações exteriores. O nível intrapessoal exerce forte influência no plano das atitudes e comportamentos, interferindo diretamente na qualidade da comunicação e do relacionamento humano e profissional na empresa. A comunicação intrapessoal depende muito de ambientes de trabalho favoráveis à reflexão e ao pensamento crítico.

b) *Interpessoal*: realiza-se por meio da comunicação direta com uma ou mais pessoas. É o nível de comunicação em que os papéis de emissor (fonte) e de receptor (destino) são exercidos de modo recíproco por duas ou mais pessoas.

c) *Interfuncional:* realiza-se quando uma área, divisão, unidade ou departamento relaciona-se com outro para a transmissão de dados ou troca de informações.

Canais de comunicação na empresa

- *Formal:* engloba todas as fontes e meios de comunicação e de transmissão de informações oficialmente existentes na estrutura da empresa. Na esfera administrativa, por exemplo, os canais formais são representados pelas reuniões, memorandos, ofícios, comunicados, atas de reuniões, relatórios funcionais etc. No âmbito da comunicação social, podemos destacar todos os veículos já consagrados no meio empresarial, seja nas versões impressas ou eletrônicas, como: jornal, revista, mural, relatório institucional, intranet, rádio e televisão corporativa;
- *Informal:* todo meio ou suporte que efetiva a comunicação, ou a transmissão de informações, fora dos canais formalmente autorizados ou reconhecidos como fontes fidedignas. O bate-papo no corredor, o encontro para tomar um cafezinho e a "cervejinha depois do expediente" são canais informais que consolidam a interpretação das iniciativas formais. Por essa razão, não devemos cair no lugar-comum de se criticar os canais informais como mera fonte de boatos, mas de reconhecê-los e valorizá-los como expressão dos valores e da cultura da empresa.

Muitas empresas já perceberam a riqueza dos canais informais e incentivam em seus dirigentes e lideranças médias hábitos espontâneos de participação em encontros de congraçamento (*happy hour*, partidas de futebol, churrasco etc.) e de conversas sobre assuntos não necessariamente ligados a motivos de trabalho. Essa disposição à conversação informal favorece a consolidação de um ambiente de cooperação, corresponsabilização e engajamento por objetivos comuns.

Porém, é imprescindível não descuidar da valorização dos canais oficiais. Quando as vias formais de comunicação da empresa não atendem à demanda por informações do seu público interno, surge a versão extraoficial do "ouvir dizer", também chamada "rádio corredor", forma de comunicação em que a mensagem original sofre alto grau de distorção, chegando, muitas vezes, a assumir sentido contrário da sua primeira versão. O jogo do "telefone sem fio" ilustra bem a ineficiência desse tipo de comunicação que complica.

FLUXOS DE COMUNICAÇÃO NA EMPRESA

1 – Descendente

São as mensagens ou informações que saem do topo decisório e descem até as bases. É o tipo de comunicação vertical, isto é, de cima para baixo em uma direção descendente.

É a comunicação oficial (falada, impressa ou eletrônica) que transmite normas, procedimentos, atribuições, políticas, instruções, estratégias e planos, objetivo e metas, práticas organizacionais, notícias institucionais, enfim, é a comunicação que emana dos cargos diretivos e gerenciais, voltada para o corpo funcional da empresa.

2 – Ascendente

É a comunicação que se processa das bases em direção aos níveis mais elevados da hierarquia organizacional. Podem ser opiniões, críticas, elogios ou reclamações dos funcionários, expressadas por meio de reuniões e conversações formais e informais das lideranças com suas equipes, por meio de caixas de sugestões ou pesquisa de clima organizacional. Geralmente, esse fluxo de comunicação é mais eficaz quando acontece de maneira informal e espontânea (conversas em encontros sociais, eventos, *happy hour*, jogos de futebol dos funcionários, competições esportivas etc.). A comunicação ascendente corresponde ao processo de *feedback*, ou seja, é o retorno do corpo funcional sobre o modelo de gestão, ações administrativas, políticas gerenciais e planos organizacionais determinados pelo corpo diretivo da empresa.

3 – Horizontal

É a comunicação realizada entre colegas de trabalho de um mesmo nível hierárquico. Nas estruturas organizacionais mais burocráticas e hierárquicas, pode-se identificar uma tendência para se manter a informação como propriedade secreta de grupos de um mesmo nível funcional. Essa situação cria as chamadas "caixas pretas" da organização, ou seja, informações que são controladas e manipuladas conforme o interesse de determinados grupos de profissionais.

4 – Transversal

Nas organizações mais modernas (descentralizadas e flexíveis), nas quais a gestão é mais participativa e integrada, as pessoas interagem mais, o que permite o fluxo de comunicações que se dá em todas as direções, sem a distinção de níveis hierárquicos.

5 – Circular

Esse fluxo de comunicação é mais presente nas empresas de pequeno porte e extremamente informais, onde as informações circulam indistintamente entre todos os níveis da sua estrutura funcional.

As organizações são dinâmicas e a estrutura de comunicação interna que se praticava no passado – prevalência do fluxo descendente – é ineficiente e ineficaz. Atualmente, um bom programa de comunicação interna deve ser estruturado e fundamentado por meio de uma pesquisa de campo – diagnóstico, por meio de entrevistas pessoais e coletivas – e da participação do corpo funcional, que pode se realizar a partir de comitês e núcleos de comunicação, integrados por representantes dos funcionários. Dessa maneira, programas diferenciados poderão ser criados e desenvolvidos com a empatia e o engajamento direto do público interno.

COMUNICAÇÃO E TRANSPARÊNCIA

A comunicação empresarial norteará o fluxo de comunicações internas e externas, agilizando a transmissão de informações e fortalecendo a cultura de transparência e abertura ao diálogo.

A prática da transparência requer efetivamente, para muitas organizações, uma mudança profunda em seu processo de gestão. Dificilmente as empresas que possuem hierarquias rígidas, decisões centralizadas e que não valorizam a participação e o fator humano no trabalho estarão preparadas para estabelecer interação com funcionários, a sociedade e o mercado por meio de processos de comunicação. Elas, em geral, temem em estabelecer autênticos canais de comunicação com os seus públicos internos e externos, como se essa sadia iniciativa pudesse representar algum tipo de ameaça para a sua "ordem estabelecida". Essa postura reflete-se no desinteresse pela função estratégica da comunicação na sua administração.

A empresa transparente está, por princípio, aberta ao diálogo. Isso está expresso em sua capacidade e empenho tanto em falar quanto em ouvir, estabelecendo canais permanentes com os seus públicos internos e externos, buscando sempre atender suas novas demandas. A empresa transparente favorece o fluxo de comunicações, sem a manipulação de dados ou informações que, de um modo geral, são variados e diversificados.

O manancial de informações técnicas, gerenciais, sociais e políticas que transita internamente e que chega e sai da empresa precisa ser gerenciado de forma a se criar um sistema integrado, que favoreça a consolidação de processos de comunicação ativos e dinâmicos.

O bom trânsito de informações na empresa é vital na medida em que equivale à existência do inter-relacionamento entre as partes da organização, sem o que não haveria empresa efetiva, ou seja, pessoas integradas trabalhando por um objetivo comum.

Para se alcançar esse sistema integrado de comunicação, são necessárias regras, diretrizes e princípios bem claros e consolidados em uma política de comunicação empresarial.

A estratégia de comunicação com o seu público implica um planejamento. É preciso definir o público-alvo e os meios de comunicação mais adequados para atingi-lo com informações institucionais (jornais, folhetos, cartazes, internet, televisão e rádio).

Tudo o que envolve a divulgação da empresa e seus produtos deve ser minuciosamente estudado e pesquisado. Saber o momento certo de divulgar uma atividade ou produto requer do profissional o conhecimento aprofundado do contexto e das tendências do mercado (segmento de atuação).

> Com um bom plano de comunicação empresarial, que leve em consideração a realidade cultural e organizacional da empresa, um ambiente de desânimo e desinteresse pode ser transformado em uma realidade dinâmica e participativa.

No mundo dos negócios já predomina a conclusão de que a cultura de uma empresa está intimamente ligada à sua política de comunicação. Do que adianta uma empresa ter suas estratégias, seus planos de ação e sua missão bem definidos se internamente reina a incomunicabilidade. Nesse caso, é fácil escutar os seguintes comentários entre os funcionários: "sabemos o que está escrito no manual, mas ninguém entende nada sobre a estratégia da empresa"; "no discurso é tudo muito democrático, mas a prática..." ou "isso é conversa para justificar demissão, eu escutei que...".

O quê, quem, quando, onde, como e por quê? Essas seis perguntinhas clássicas – já mencionadas no primeiro capítulo – quando bem respondidas são capazes de esclarecer fatos, desfazer boatos, aproximar pessoas, divisões, departamentos e diretorias, incentivar a participação e fortalecer a noção do trabalho em equipe.

Com um bom plano de comunicação empresarial, que leve em consideração a realidade cultural e organizacional da empresa, um ambiente de desânimo e desinteresse pode ser transformado em uma realidade dinâmica e participativa. Um programa integrado de comunicação pode interromper uma situação de deterioração empresarial, facilitando o diagnóstico organizacional, que poderá utilizar a comunicação como um precioso instrumento de suporte para uma reestruturação.

Toda empresa constitui uma rede de informações e de notícias formada pelo fluxo de comunicações internas e externas. O termo *rede de informações* significa que existe um contato direto da empresa com os seus clientes internos e externos, visando a compreender o que os seus consumidores ou usuários pensam ou querem. A rede de informações não se limita a praticar técnicas de comunicação, mas buscar contato com seus públicos para saber o que eles querem, pensam e precisam.

O fluxo de informações na empresa é fundamental para a intensificação do inter-relacionamento entre as partes da organização. Sem eles, no lugar de movimentações estratégicas e eficazes, teríamos apenas a tentativa frustrada de um empreendimento estagnado, ou seja, não haveria empresa eficaz e dinâmica. O conceito de empresa (aquilo que se empreende/organização) pressupõe o funcionamento de um sistema integrado de métodos de gestão e de pessoas nas mais diversas funções, que trocam informações, e comunicam-se constantemente, para concretizar as metas e os objetivos comuns ao sucesso de todos.

A consolidação de canais de comunicação com o mercado e a sociedade não é função exclusiva para profissionais de comunicação. No dia a dia de uma empresa moderna, a comunicação sistêmica é realizada em todos os momentos, na relação entre direção e gerência, chefes e subordinados, nos contatos com os clientes, fornecedores e terceirizados, na relação com as entidades sindicais, órgãos governamentais e com os meios de comunicação.

Perguntas a serem feitas para a eficácia das comunicações:

- Quais os instrumentos para *feedback* dos nossos clientes internos (funcionários, colaboradores e terceirizados) e externos (consumidores, usuários, fornecedores, governo, sociedade)?
- A nossa empresa mantém um fluxo constante de notícias e informações com os funcionários, com a mídia e a sociedade?

- As informações administrativas, técnicas e operacionais são transmitidas de forma eficiente e apropriada (memorandos, ofícios, circulares, relatórios, comunicados etc.)?
- São realizadas pesquisas de clima organizacional?

Os gerentes, executivos e empresários devem acompanhar os fatos correntes da realidade da organização, conhecer as questões mais sensíveis do seu setor e decidir com base em informes, pesquisas, trocas de opiniões, relatórios e produções audiovisuais.

O ideal é que os responsáveis pelos cargos de liderança tenham acesso às informações de toda empresa para ter uma visão global e sistêmica do seu funcionamento. Para isso, são importantes produtos de comunicação tais como: jornal de empresa (pode ser virtual, via internet ou intranet); *clipping* (recortes de notícias – jornais/revistas – sobre a empresa e o setor de atuação) e seleção de artigos especializados. Não podemos esquecer que informar é favorecer a formação de opiniões e consolidar princípios e valores da cultura da empresa.

Por exemplo, no caso das informações gerenciais, que proveem a parte operacional e decisória da empresa, a simples troca de notícias e dados da organização entre dois dos seus profissionais pode determinar o sucesso ou o fracasso de um grande negócio. É sabido que em diversos casos, por causa de uma informação truncada ou distorcida, convênios, acordos, parcerias e *joint-ventures* deixaram de ser consolidados.

FUNÇÃO ESTRATÉGICA DE RESULTADOS

Da mesma forma que a falta de comunicação leva o ser humano ao isolamento estéril e à alienação, para a empresa ela representa a perda de competitividade, de produtividade e de qualidade. No mundo dos negócios, é unânime o reconhecimento da comunicação empresarial como função estratégica de resultados.

As empresas para sobreviverem precisam se comunicar:

- *Com seus clientes externos*: consumidores/usuários; opinião pública/sociedade; acionistas e fornecedores; governos – municipais, estaduais e federal – e concorrentes.
- *Com seus clientes internos*: funcionários, colaboradores, prestadores de serviços e terceirizados.
- *Com a mídia*: meios de comunicação de massa (jornais, revistas, rádio, televisão e internet).

No plano externo, a falta de informação gera a indústria de boatos e a distorção da informação, comprometendo a imagem pública da empresa, a sua marca e a reputação dos seus serviços e produtos.

Toda iniciativa empresarial envolve o fornecimento, a venda de algum produto ou a prestação de um serviço para um determinado segmento de pessoas (cidadãos) da sociedade. Nesse aspecto, a comunicação empresarial tornou-se uma necessidade, mais exigida à medida que cresce a responsabilidade social das empresas e dos empresários.

Pela lógica fria dos negócios, toda empresa está inserida em um contexto social e ambiental que interferem na sua sobrevivência (um ambiente de convulsão social ou de degradação ambiental prejudicam o desempenho de qualquer empresa).

Pela ótica da cidadania empresarial, a responsabilidade social é um princípio ético e humano fundamental, que visa à busca permanente do bem comum e do desenvolvimento sustentável. A comunicação empresarial deriva da cultura da empresa. Por isso, quanto mais esclarecida do seu papel social, mais apta a empresa estará para informar e comunicar-se.

A comunicação passou a fazer parte do próprio negócio, agregando valores a produtos e serviços. A empresa moderna necessita estar presente junto a seus públicos, seja para divulgar o que produz, seja para fortalecer a sua imagem e firmar a sua marca no mercado. A vantagem competitiva de uma empresa está hoje diretamente relacionada à estratégia de comunicação com seus públicos.

A comunicação empresarial favorece:

- Conscientizar a opinião pública sobre a boa qualidade dos produtos e serviços da empresa ou instituição.
- Fortalecer a credibilidade das informações veiculadas pela empresa;
- Obter noticiário externo favorável.
- Obter reconhecimento positivo e boa vontade junto aos diversos setores formadores de opinião pública.
- Abrir e manter canais de comunicação com a mídia.
- Motivar o público interno.
- Favorecer a imagem pessoal e da gerência, que se tornam a " personificação" da empresa cuja imagem mescla-se com a imagem da direção.

COMUNICAR É OBRIGAÇÃO DE TODOS

A boa comunicação interpessoal numa empresa é reflexo de um bom clima de trabalho (empresa feliz/pessoas felizes/bons resultados). Empresa feliz não é um mito, mas uma realidade que cada um de nós pode construir, mantendo bons relacionamentos no nosso dia a dia de trabalho (coisas simples e fundamentais como: boa vontade, bom humor, um sorriso, falar obrigado e por favor).

Ao atendermos com atenção e zelo uma ligação telefônica na empresa ou ao falarmos com simpatia e espontaneidade com um colega, estaremos influindo diretamente no fortalecimento da boa imagem institucional (conceito da empresa) e no estabelecimento de relacionamentos sinceros e solidários.

Saber e querer comunicar é obrigação de todos, seja na esfera profissional, social ou familiar. No caso de uma empresa, especialmente, todos os funcionários, sem distinção de cargos ou função, devem estar empenhados em exercer o seu papel neste amplo processo de comunicação, conscientes de que a imagem da empresa resulta do somatório dos esforços individuais.

Não adianta simplesmente falarmos que a empresa não dispõe de uma boa estrutura de comunicação ou que não tem política de comunicação. Se há um ambiente de abertura para o diálogo e condições para se ter acesso a um telefone, à internet e a um mural de avisos, podemos – dentro da nossa esfera de responsabilidade – nos comunicar da melhor forma possível. Com clareza, objetividade, concisão e criatividade, somos capazes de informar, motivar, convencer e integrar pessoas, grupos, equipes e, até mesmo, toda uma empresa.

A comunicação exercida entre uma ou mais pessoas reflete a cultura e os valores da empresa. Uma informação mal transmitida pode gerar boatos e gerar distorções altamente comprometedoras para a produtividade da empresa. Porém, se a empresa possui uma política de transparência e de comunicação, os profissionais se sentirão mais a vontade para transmitir e receber informações formais e informais. Nesse caso, mesmo uma informação mais sigilosa será transmitida de forma mais eficaz se não houver medo ou preocupação excessiva com o seu vazamento.

Quanto à informação pública, que a empresa tem o dever de informar à sociedade, a prática tem provado que a transparência é a melhor propaganda para a competitividade das grandes empresas.

Como diz o ditado, *Vox populi vox dei*. O acesso da opinião pública às notícias da empresa garante o fortalecimento do conceito da sua marca e da sua imagem institucional. Petrobras, Embraco, Companhia Vale, Natura, C&A, Xerox, IBM, Banco do Brasil e Embrapa são exemplos de algumas organizações muito conhecidas pelo grande público, não só porque são poderosas em seus segmentos, mas também porque possuem uma boa política de comunicação social.

EXERCÍCIOS

1. **Telefone sem fio – "rádio corredor" em ação**

Uma pessoa (emissor) vai elaborar uma mensagem e transmiti-la pela fala (canal), de forma confidencial e de uma só vez – sem repetição ou respostas a perguntas. A outra pessoa (receptor) irá decodificar a mensagem recebida e transmiti-la para outro colega, até que o último componente da turma divulgue o que compreendeu, em alto e bom som. Em seguida, é lida a mensagem original, para que todos possam comparar o grau de distorção acontecido durante o processo de transmissão da informação.

Esse exercício reforça o conceito de ruído na comunicação. Ele demonstra as diversas distorções que uma mensagem sofre até chegar ao seu destino final. Esses desvios são causados por fatores externos que podem ser barulho no ambiente, acontecimentos paralelos, imprevistos etc. e fatores internos como capacidade de audição (receptor), habilidade comunicativa (emissor), compreensão dos significados e equivalência dos sentidos das palavras utilizadas, pré-conceitos, convicções ideológicas, enfim, a capacidade de interpretação da mensagem por meio da bagagem cultural e vivencial de cada pessoa.

Sugestão de mensagem para o exercício, que poderá ser lida uma única vez pela pessoa que iniciar o exercício. O receptor da primeira mensagem passará adiante aquilo que compreendeu (é uma situação tipo rádio corredor).

> Ouvi dizer que a gerência de recursos humanos está formulando um programa motivacional para toda a organização, que envolverá treinamento ao ar livre com exercícios desafiadores, como pular de árvores em colchões de ar, andar em pontes de corda e princípios de sobrevivência na floresta. Serão realizadas também palestras com praticantes de esportes radicais, pequenos empreendedores de sucesso e campeões de atletismo. Estão falando que o programa do curso não exigirá preparo físico, mas trabalho em equipe, equilíbrio emocional e segurança psicológica. No entanto, os gordinhos e os mais inibidos deverão sair prejudicados. Os resultados do Programa serão avaliados pela gerência de RH, que os utilizará como subsídios para a formulação de uma política de desenvolvimento de competências.

Essa mensagem, exercitada por um grupo de executivos de uma grande organização, gerou como resultado final que "a administração estava querendo demitir os funcionários que não fossem considerados saudáveis", ou seja, houve uma total distorção e degradação da mensagem original.

2. *Ombudsman*

Coloque-se na posição de um *ombudsman*, responsável pela Central de Atendimento aos Clientes de uma grande rede de supermercados. Outra pessoa desempenhará o papel de um cliente muito aborrecido com o fato de ter comprado um produto estragado e de ter sido destratado por um funcionário do setor de reclamações, que lhe teria dito, de forma impaciente e descortês, que era norma da casa só aceitar a devolução de produtos estragados no prazo de 24 horas. Ao simular essa situação, demonstre atitude, comportamento e discurso ideais a serem utilizados pelo *ombudsman* para contornar a situação, de uma forma que o cliente fique satisfeito e a imagem da empresa não fique prejudicada.

Para realizar esse exercício é bom tomar conhecimento de alguns pontos importantes do Código de Ética do Ouvidor, instituído pela Associação Brasileira de Ouvidores (ABO):

> Estabelecer canais de comunicação de forma aberta, honesta e objetiva, procurando sempre facilitar e agilizar as informações; agir com transparência, integridade e respeito; atuar com agilidade e precisão; respeitar toda e qualquer pessoa, preservando sua dignidade e identidade; reconhecer a diversidade de opiniões, preservando o direito de livre expressão e julgamento de cada pessoa; exercer suas atividades com independência e autonomia; ouvir seu representado com paciência, compreensão, ausência de pré-julgamento e de todo e qualquer preconceito; resguardar o sigilo das informações; responder ao representado no menor prazo possível, com clareza e objetividade; atender com cortesia e respeito as pessoas; promover a justiça e a defesa dos interesses legítimos dos cidadãos.

3. **Comunicação empresarial**

As organizações estão percebendo o quanto é importante estarem cada vez mais próximas do cliente e sentiram a necessidade de criar instrumentos que possam garantir uma comunicação mais eficiente. Dentro de uma perspectiva estratégica, quais os benefícios da comunicação empresarial para a eficácia do fluxo de comunicações nas empresas?

4. **Discussão de ideias**

Entre no site do Observatório da Imprensa (www.observatoriodaimprensa.com.br) e selecione artigos ligados à atividade de comunicação empresarial (comunicação externa, assessoria de imprensa, comunicação interna). Comente a razão da sua escolha e faça uma síntese do assunto mencionado, procurando estabelecer um ambiente de debate e discussão de ideias.

A FUNÇÃO ESTRATÉGICA DA COMUNICAÇÃO INTERNA

4

"A dinâmica organizacional somente é possível quando a organização assegura que todos os seus membros estejam devidamente conectados e integrados. É exatamente por essa razão que uma das finalidades mais importantes do desenho organizacional é assegurar e facilitar o processo de comunicação e de tomadas de decisão."

Idalberto Chiavenato
Comportamento organizacional

FALTA DE COMUNICAÇÃO E O CLIENTE PERDIDO

Uma grande indústria do setor elétrico – que identificaremos como WZ – contratou um conceituado profissional de marketing e criou uma diretoria especial de relações com o mercado. A decisão partiu da iniciativa isolada do seu presidente, que não comunicou o fato nem mesmo aos diretores e funcionários da alta gerência. Os diretores tomariam conhecimento durante a periódica reunião quinzenal da direção e os gerentes após 1 mês, através de memorandos. Dessa forma, ele acreditava que seria possível iniciar algumas mudanças na estratégia de mercado da empresa, evitando resistências ou divergências de ideias.

No entanto alguns colunistas da grande imprensa – que mantinham contato direto com o presidente da companhia – divulgaram a notícia com um certo alarde, pois essa medida significava uma grande mudança no estilo de competitividade e política de comunicação da empresa, que até então restringia-se a vultosos gastos em publicidade e propaganda.

> Essa situação gerou um clima de apreensão entre diretores, gerentes e funcionários de nível médio, que tomaram conhecimento da notícia pelos jornais. Muitos conversaram sobre o assunto de forma reservada, pois oficialmente a direção ainda não havia se manifestado.
>
> Foi nesse clima de disse-me-disse que um dos mais importantes clientes da companhia, Maria Lúcia (gerente comercial de uma grande construtora) procurou informar-se com o gerente de negócios, profissional com quem ela fechava as compras de grandes lotes de produtos. O gerente, envergonhado por não saber de nada sobre mudanças na política da empresa, procurou apurar o assunto com o assessor de comunicação que, por sua vez, revelou desconhecer qualquer novidade oficial a respeito, embora coordenasse todo o fluxo de notícias para o público externo e interno. Ao tentar falar com o presidente da companhia, o único retorno que Maria Lúcia conseguiu foi uma resposta evasiva da secretária: o presidente está no exterior e só volta semana que vem.
>
> Diante da incerteza e da imprecisão das notícias, que chegaram a gerar boatos de que a empresa estaria em estado pré-falimentar, a cliente preferiu interromper os pedidos, em favor de uma proposta do maior concorrente, inclusive fechando um contrato de fornecimento exclusivo por 2 anos.
>
> Esse exemplo verídico retrata bem as consequências comprometedoras que a falta de seriedade no desenvolvimento de uma política de comunicação pode gerar.

ACESSO À INFORMAÇÃO

A comunicação interna funciona como base de sustentação para a comunicação externa. Se diretores, assessores, gerentes e funcionários em geral tivessem acesso a informações sobre a real situação da empresa, a WZ poderia ter evitado a perda de um cliente tão importante.

É extremamente frustrante, para qualquer pessoa, tomar conhecimento de um fato relacionado à empresa para a qual trabalha pelo público externo ou por intermédio de um meio de comunicação de massa. Pode-se imaginar a decepção de um funcionário que, ao ler um jornal, depara-se com a notícia de que a empresa onde trabalha está passando por mudanças estruturais e estratégicas. Fato, aliás, mais comum do que se imagina. Daí a importância de se apresentar as novidades, primeiro ao público interno, depois ao externo.

Os funcionários sentem a necessidade de participar das decisões e de conhecer melhor a empresa para a qual trabalham. Isso mexe com a identidade cultural. A pessoa pensa e age conforme as influências e os fatores condicionadores do seu meio ambiente. Se um profissional é bem informado sobre o que acontece e interessa à sua empresa, ele sentirá que o seu trabalho é respeitado e valorizado; consequentemente, seu desempenho e sua produtividade serão bem melhores.

No contexto de internacionalização da economia, que tanto caracterizou a década de 1990, a maioria das companhias líderes do seu segmento foram aquelas que concluíram que o público interno precisa ser escutado, para que se tenha condições de repassar-se ao público externo tudo aquilo que a empresa possui de melhor e que está aprimorando em nível de processos e de produtos. Tardiamente – porém, antes tarde do que nunca – consolidou-se, no meio empresarial, a importância da comunicação dentro da empresa, visando a um maior engajamento e motivação dos funcionários para a consolidação dos objetivos e metas da organização.

ENDOMARKETING

O endomarketing é apontado por especialistas da administração moderna como um dos principais diferenciais competitivos que transforma os colaboradores e os funcionários da empresa nos principais criadores da imagem institucional de uma organização saudável e bem-sucedida. Durante a década de 1990, concluiu-se que o conceito público da organização é construído dentro dela própria, por meio da opinião, motivação e satisfação das pessoas que para ela trabalham.

O prefixo "endo", originário do grego, significa posição ou ação no interior, ou seja, "movimento para dentro". Endomarketing é, portanto, um conjunto de ações de marketing institucional dirigidas para o público interno. As ações de comunicação que a empresa deve realizar para consolidar a sua boa imagem junto aos funcionários e seus familiares.

AÇÕES INTEGRADAS

Acompanhada de uma consistente política de divulgação e comunicação interna, é ponto fundamental a definição de um plano estratégico traçando os rumos para o curto, médio e longo prazos. Dessa forma, as oportunidades, ameaças e desafios podem ser antecipados, o que favorece a adoção de uma linha de atuação mais eficaz. Uma empresa que não possui a sua diretoria e a sua gerência integradas, dificilmente conseguirá impulsionar um processo de mudanças com eficiência e bons resultados.

A empresa precisa tornar-se capaz de comunicar-se com seus funcionários, por meio de ações integradas em um programa de comunicação interna, a fim de mantê-los informados sobre os verdadeiros objetivos da mudança.

Por intermédio de um bem elaborado programa de comunicação interna, pode-se motivar os funcionários a se comprometerem com a nova postura da empresa, cada um em sua área de atuação e por meio das atividades que desenvolve.

Isso implica trabalhar com a verdade e com a transparência de todas as ações, em que os questionamentos vindos dos funcionários devem ser vistos como merecedores de uma resposta rápida e de uma explicação coerente. Significa desenvolver esforços no sentido de informá-los cada vez mais e melhor.

Desse modo, é vital a abertura de canais de comunicação e expressão, que podemos entender como: house-organs e jornais murais (elaborados com a participação efetiva dos funcionários), debates e reflexões entre diretoria e funcionários, manuais e campanhas informativas e a promoção de programas culturais e de lazer.

As relações interpessoais são a alma da empresa e devem ser levadas em consideração quando ela está em busca da qualidade e da competitividade. Já está provado pelos mais diversos estudos empíricos de conceituados psicólogos e pedagogos que o modo como as pessoas aprendem, cooperam, inovam e progridem depende basicamente de seus relacionamentos, sejam pessoais ou profissionais.

Por essa perspectiva, podemos concluir que a comunicação interna é capaz de estabelecer relacionamentos integrados entre funcionários, utilizando programas participativos, capazes de gerar um maior comprometimento de todos, o que, com toda certeza, motivará maiores índices de produtividade e qualidade.

COMUNICAÇÃO É A ALMA DO NEGÓCIO

A empresa que não favorece a cultura da comunicação e da participação acaba perdendo confiança, produtividade, qualidade, credibilidade e, consequentemente, clientes, negócios e mercado, o que significa baixa competitividade. E no contexto de globalização, perda de competitividade quer dizer a mesma coisa que desempenho negativo ou falência. Essa é uma relação de causa e efeito incontestável. Atualmente, no mundo dos negócios é unânime o reconhecimento da comunicação empresarial como uma função estratégica de resultados.

O processo de internacionalização da economia tem como uma de suas principais tendências a intensificação das relações que as empresas desenvolvem com seus *stakeholders* – todo público que de alguma forma influencia ou é influenciado pela empresa. Essas novas relações representam uma mudança fundamental no papel e no objetivo do marketing: da manipulação do cliente à sua verdadeira participação; da simples venda à comunicação e à troca de conhecimentos; da visão meramente consumista à postura de busca de melhoria da qualidade de vida.

Dentro do ponto de vista do marketing moderno, que enfatiza a importância do desenvolvimento de relações, o cliente não é visto apenas como consumidor de produtos ou serviços, mas como parceiro na busca de soluções para os desafios da modernidade, que é caracterizada pelas rápidas transformações científicas e tecnológicas.

A situação da WZ, que examinamos antes, repete-se em muitas outras empresas que possuem um plano de comunicação e marketing, até mesmo muito bem estruturado, mas no qual os seus dirigentes agem de forma personalista e centralizadora, o que demonstra um descomprometimento das lideranças com os princípios da administração moderna, que preconizam a transparência no fluxo de informações e a participação e o engajamento de todos nas decisões da empresa, conforme o nível de competência.

O perfil do consumidor compulsivo da sociedade industrial, que caracterizou as décadas de 1970, 1980 e 1990, está sendo substituído pela figura do consumidor consciente da sociedade do conhecimento. Ele é identificado como cidadão conhecedor dos seus direitos e consumidor seletivo, que privilegia a qualidade em vez da quantidade.

Esse enfoque na qualidade distinguiu, no meio organizacional, a necessidade do trabalho em equipe como a forma mais eficaz de desenvolvimento das pessoas e das empresas nos processos de mudanças. Ao constatar a falta de uma visão coletiva, ou seja, de uma visão compartilhada, as empresas passaram a reavaliar sua maneira de agir com relação ao nível de informação, oferecido a seus funcionários e aos clientes externos.

Há muito tempo que as empresas desenvolvem programas de comunicação interna, porém somente agora vem se consolidando a ati-

---

QUALIDADE MOTIVACIONAL

Como modernizar uma empresa e torná-la competitiva, oferecendo ao mercado os melhores serviços e produtos, se os funcionários são tratados com desrespeito e desconsideração?

Revertendo a situação:

O público interno precisa ser trabalhado para que tenha condições de repassar ao público externo tudo aquilo que a empresa possui de melhor e que está aprimorando em nível de processos e de produtos.

vidade da comunicação empresarial sob o ponto de vista estratégico. A comunicação deixou de ser atividade-meio e passou a ser utilizada como ferramenta estratégica de resultados das empresas e organizações líderes no mercado globalizado.

ADMINISTRAÇÃO E COMUNICAÇÃO

A importância da comunicação interna para as empresas começou a ser percebida no final dos anos de 1920, quando o sociólogo australiano Elton Mayo demonstrou que, para o bem da produtividade, as pessoas não podiam ser consideradas pelos gestores como extensões das máquinas. O recado capturado nas pesquisas feitas por ele era que as pessoas produziam mais quando motivadas por uma causa, quando estimuladas e principalmente ouvidas, consideradas e respeitadas pela organização. Mayo provou com números, gráficos e planilhas que, se as empresas quisessem produzir mais, era preciso trazer o humanismo para dentro do ambiente de trabalho, fato que atualmente centenas de empresas brasileiras transformaram em peça de marketing social.

Administração e comunicação interna são atividades interligadas. A comunicação interna é a ferramenta que vai permitir que a administração torne comuns mensagens destinadas a motivar, estimular, considerar, diferenciar, promover, premiar e agrupar os integrantes de uma organização. A gestão e seu conjunto de valores, missão e visão de futuro proporcionarão as condições para a comunicação empresarial poder atuar com eficácia.

Atualmente, sem uma comunicação com recursos humanos com qualidade total, não se consegue mudar o modelo organizacional. Sem a aplicação de processos comunicacionais adequados, baseados em perfeito conhecimento dos públicos com os quais se quer dialogar, em uma estruturação profissional de mensagens e em uma competente seleção de mídias, nenhuma empresa consegue sair do modelo fechado, piramidal e extremamente hierarquizado de gestão.

As inovações científicas e os avanços tecnológicos da atualidade estão transformando nossa forma de viver, pensar, comunicar e prosperar. Nesse contexto mundial de profundas transformações, mostra-se urgente a necessidade de repensarmos e reavaliarmos os conceitos da comunicação aplicada à empresa. À reflexão crítica desse cenário de mudanças deve-se somar a importância da flexibilidade e da criatividade na vida das pessoas e das organizações.

Na busca de adaptar-se continuamente às demandas do mercado, muitas empresas vêm implantando novos modelos organizacionais e de gestão executiva, buscando maior agilidade, flexibilidade e capacidade de inovação.

Não cabe mais nesse novo contexto a tradicional estrutura vertical a que nos habituamos ao longo dos anos, com hierarquias, departamentos, divisões e comandos rígidos atuando isoladamente, como se cada grupo ignorasse ou não tivesse nada a ver com o outro. Hoje, as organizações modernas trabalham com princípios que realçam aspectos tais como: foco nos clientes e resultados; maior capacidade de rápida adaptação à mudanças estratégicas; alinhamento estratégico dos objetivos e prioridades; maior nível de comunicação interna e externa; alta capacidade de respostas aos clientes e maior integração entre pessoas e equipes. Os novos modelos de estruturas organizacionais seguem esse padrão.

Nesse cenário, a importância da comunicação interna deve ser destacada como fator estratégico para a busca constante de melhoria de qualidade de vida no trabalho. Já está comprovado, por pesquisas científicas e experiências comportamentais, que a comunicação é a força que dinamiza a vida das pessoas nas suas mais diversas situações.

COMUNICAÇÃO É A MELHOR ESTRATÉGIA

Diálogo entre dois gerentes:

– Ouvi dizer que a lista de demissão sai essa semana...
– Demissão? Mas como demissão! Soube que foram fechados contratos de exportação para a Argentina, Chile e Venezuela. Além do mais, após as

demissões do início do ano, já estamos com a estrutura super enxuta e uma substancial sobrecarga de trabalho.

– É, meu amigo, você tem razão, mas a lógica da direção é diferente da nossa.

– Pensei que a notícia da semana fosse o lançamento nacional de um novo produto, que dizem que nossa companhia vai representar, decorrente de uma joint-venture com uma corporação europeia...

– Eu li alguma coisa a respeito no jornal, mas aqui na empresa nada nos foi comunicado até o momento.

– O Ferreira me disse que, apesar do contexto recessivo, a situação financeira da companhia nunca esteve tão boa.

– Pode até ser... no entanto, pelos meus indicadores de produtividade, nunca tivemos índices tão baixos. Além disso, nosso principal fornecedor tem ligado diariamente querendo informações sobre nossa planilha de produção para o segundo semestre. Eu não posso informar nada. Se eu não tenho informação sobre o que acontece essa semana, imagina para o próximo semestre!

– É... a situação está complicada. Mas não vamos ficar conjeturando. Vamos fazer o que deve ser feito e pronto. Vamos trabalhar!

– Sim, vamos trabalhar, só que a desmotivação no departamento é maior do que a minha capacidade gerencial. Como posso motivar pessoas e equipes sem informações claras e objetivas sobre a empresa, seus planos e metas?

Essa situação real no contexto de muitas empresas reflete um quadro de total desprezo pela comunicação. Muitas empresas ainda não distinguiram a comunicação empresarial como instrumento estratégico de gestão. É impressionante que, em plena Era da Informação e do Conhecimento, a comunicação empresarial ainda seja concebida como atividade secundária.

A comunicação empresarial solidifica a cultura (crenças e valores) e as filosofias (políticas de gestão e estratégias de ação) de uma organização, ou seja, ela é a responsável pela formação de um dos principais patrimônios de uma empresa: a sua imagem institucional.

Por maior que seja o contexto de turbulências e ameaças, uma empresa nunca deve abandonar os canais de comunicação com o seu público interno e externo. Muito pelo contrário, um quadro de crise pode ser superado por novas ideias e soluções que podem surgir através de contatos favorecidos por uma bem estruturada política de comunicação empresarial.

> *Diretores, assessores, gerentes e funcionários em geral devem ter acesso a informações sobre a real situação da empresa onde trabalham. Precisam saber, em detalhes, quais são os objetivos, planos, metas e resultados esperados.*

EXEMPLOS EXPRESSIVOS

Uma empresa mineira do setor têxtil estava decidida a interromper o trabalho de uma de suas divisões produtivas em razão de problemas técnicos em um equipamento que exigiria altos investimentos na reposição de peças. O problema foi colocado aos funcionários da companhia por meio do "jornalzinho interno". O retorno veio por artigo, publicado no jornal mural, no qual um gerente da principal unidade fabril apresentou ideia inovadora, que favoreceu a resolução do problema de forma rápida, duradoura e de baixo custo.

Outro exemplo expressivo vem de uma grande empresa de alimentos de Santa Catarina, que atravessava um momento crítico em razão da queda da demanda pelos seus produtos. Em vez de esconder as suas dificuldades, a empresa divulgou em sua revista institucional – dirigida aos públicos interno e externo – os percalços pelos quais passava. Em entrevista de capa, o presidente da companhia instigava os leitores a sugerirem soluções para a superação do problema. Mobilizado pela matéria publicada, e entusiasmado a buscar uma solução eficaz, um publicitário recém-formado apresentou um projeto de marketing, no qual era dado destaque ao relançamento de um produto da empresa, que tinha sido colocado fora de produção, por causa da baixa receptividade no mercado.

No entanto, com estratégia de marketing criativa, o mesmo produto foi reapresentado com nova embalagem e algumas características diversificadas. O resultado, em menos de 6 meses, foi a retomada do crescimento das vendas e a superação das dificuldades em que a empresa se encontrava. Hoje, essa empresa, que mantém uma bem planejada política de comunicação empresarial, é líder no seu segmento de atuação.

A palavra-chave, que favoreceu a solução imediata dos casos descritos acima, deriva do latim *communicare*, cujo significado é tornar comum, partilhar, associar, trocar opiniões, compartilhar ideias, sentimentos e atitudes. Em síntese, comunicar implica em participação, interação, troca de mensagens, emissão e recebimento de informações novas.

> *Um bom clima organizacional é construído, acima de tudo, com a facilitação de acesso dos funcionários às informações da empresa, dentro de um ambiente de abertura para o diálogo.*

Quando bem processado e planejado, o processo de comunicação gera a sua realimentação, através do *feedback* do receptor. No caso das empresas mencionadas no texto, os receptores da mensagem foram pessoas que se sentiram motivadas a dar retorno, como forma de se sentirem participantes e úteis à resolução de problemas. Certamente, tal atitude favorecerá perspectivas de novas oportunidades e promoção profissional.

Independentemente do porte ou do segmento de atuação, toda empresa que pretender se posicionar no mercado globalizado deverá ter estratégia de ação voltada à aquisição de vantagens competitivas. Quanto mais valor agregar ao produto ou serviço oferecido ao mercado, mais essa empresa terá sua posição consolidada. Nesse cenário, a comunicação empresarial desempenha papel de protagonista privilegiada.

Seja no sentido de promover a coesão interna em torno da qualidade do produto, dos valores e da missão da empresa, seja no trabalho de aumentar a visibilidade pública da organização e por meio da divulgação de seus produtos e serviços, a informação – e as formas de se comunicar produtivamente –, em um contexto globalizado, revela-se arma poderosa de gestão empresarial. Isso se aplica tanto à comunicação interna e corporativa como às ações de fortalecimento da imagem institucional, relações com a mídia e governos, marketing, propaganda, promoção e vendas.

A comunicação empresarial deve ser um processo ativo, por meio do qual a empresa possa informar, formando opinião e transformando cenários e ambientes desfavoráveis a sua volta. Engana-se quem confundir isso com manipulação da informação, pois para que o processo de comunicação seja duradouro e frutificante é necessário, antes de mais nada, credibilidade da fonte emissora. Sem confiabilidade, torna-se impossível qualquer intenção em se estabelecer canal de comunicação ida e volta. Ou seja, torna-se impraticável a comunicação construtiva e reveladora.

A comunicação revela a maneira de ser da empresa e, por isso, tem muito a ver com a sua cultura. Toda empresa precisa questionar o seu nível real de comunicação interna, identificando os pontos fracos, que geram improdutividade e ineficiência, para poder traçar uma estratégia de comunicação eficaz.

A política de comunicação interna caracteriza-se pelo bom planejamento e agilização de todo o fluxo de informações na empresa. Na área jornalística, a comunicação interna baseia-se na edição (impressa ou via internet) de publicações (jornais, revistas, boletins e relatórios), produção de programas de rádio (rádio-empresa) e televisão (telejornal).

Uma publicação interna deve contemplar assuntos de interesse para todos os funcionários, como: grandes vendas realizadas, falhas ou sucessos dos concorrentes ou clientes, melhoria da qualidade nos processos e projetos de trabalho, planos e metas organizacionais, lançamento ou aperfeiçoamento de produtos e serviços, e tudo o mais relacionado à saúde, cultura e educação.

As vantagens de uma publicação interna podem ser medidas sob diversos aspectos. Ao ler uma publicação interna, o funcionário pode desenvolver um estado psicológico favorável ao bom desempenho de suas atividades.

O público interno é o grupo que está mais próximo à empresa. O seu comportamento no ambiente de trabalho desempenha papel decisivo em sua vida. Por isso, qualquer mensagem que diga respeito ao seu trabalho terá influência sobre seu comportamento. Nesse caso, a publicação passa a ser um instrumento de estímulo funcional, que serve de porta-voz dos planos e metas da empresa.

Outras vantagens que podem ser observadas dizem respeito à melhoria da qualidade e produtividade, uma vez que favorece o sentimento de união e sinergia entre os empregados das diversas unidades da empresa. Igualmente, induz à geração de oportunidades para que os funcionários exprimam e ventilem suas opiniões, sentindo que estão tomando parte nos assuntos da empresa. Favorece, ainda, a intensificação da intercomunicação com associações, entidades sindicais e empresas afins.

MUDANÇAS COM EFICIÊNCIA

A definição de um plano estratégico, traçando os rumos para o curto, médio e longo prazos, é determinante para o sucesso empresarial, principalmente se for acompanhado de uma consistente política de divulgação e comunicação interna e externa. Uma empresa que não possui a sua diretoria e gerência integradas, e bem informadas, dificilmente conseguirá impulsionar um processo de crescimento com eficiência e solidez.

Nesse sentido, a empresa precisa tornar-se capaz de desenvolver a comunicação com seus funcionários, por meio de ações integradas, a fim de mantê-los informados sobre os verdadeiros objetivos dos seus planos, metas e ações.

Por intermédio de um bem elaborado programa de comunicação interna, pode-se motivar os funcionários a comprometerem-se com a nova postura da empresa, cada um em sua área de atuação e por meio das atividades que desenvolve.

Isso implica trabalhar com a verdade e com a transparência de todas as ações, em que os questionamentos vindos dos funcionários devem ser vistos como merecedores de uma resposta rápida e de uma explicação coerente. Significa desenvolver esforços no sentido de informá-los cada vez mais e melhor.

Desse modo, é vital a abertura de canais de comunicação e expressão, que podemos entender como: jornais internos, impressos ou murais – elaborados com a participação efetiva dos funcionários –, encontros para debates e reflexões entre diretoria e funcionários, manuais e campanhas informativas, e programas culturais e de lazer.

> *A liberdade de comunicação é o melhor fator motivacional para a geração de boas ideias, a criação de soluções criativas e a consolidação de uma ótima produtividade.*

As relações interpessoais são a alma da empresa e devem sempre ser favorecidas dentro da mais alta consideração.

Quem não se comunica se complica, perdendo confiança, produtividade, qualidade, credibilidade e, consequentemente, clientes, negócios e mercado. Essa é uma relação de causa e efeito incontestável. Atualmente, no mundo dos negócios, é unânime o reconhecimento da comunicação empresarial como uma função estratégica de resultados.

HUMANIZANDO O TRABALHO

Ao analisarmos o caráter estratégico da comunicação empresarial, percebemos que, mais que um precioso instrumento de gestão organizacional, a comunicação é a melhor maneira de se humanizar o trabalho, propiciando a cultura de participação em um ambiente empresarial saudável.

A comunicação interna é um fator estratégico para o sucesso das organizações porque atua principalmente em três frentes: é fundamental para os resultados do negócio, é um fator humanizador das relações de trabalho e consolida a identidade da organização junto aos seus públicos internos.

A comunicação interna gera resultados aos negócios. Com a globalização e a revolução digital, que mudaram a realidade mundial e fizeram emergir novas exigências de excelência em produtos e serviços, o público interno adquiriu papel de destaque no sucesso dos negócios. É dele que depende a assimilação de novos conceitos e práticas que vão garantir o desempenho da organização. Hoje, para que uma empresa seja competitiva, é necessário que ela se atualize constantemente, aprimorando processos e modelos de gestão. Nesse sentido, a comunicação de duas vias entre a organização e seu público interno é fundamental.

Os bons resultados e desempenho da empresa dependem diretamente do grau de entusiasmo e dedicação do seu público interno.

A comunicação integra os funcionários aos objetivos da empresa. A comunicação de duas vias, que informa os funcionários deixando claro por que determinadas decisões são tomadas e, ao mesmo tempo, estimula os colaboradores a participar, ouvindo suas opiniões e contribuições, faz com que o público interno sinta-se corresponsável pelo sucesso da organização. Assim, a comunicação integra os funcionários, envolvendo-os com os objetivos e metas da organização.

A integração do público interno é fundamental, pois quando as pessoas dispõem das mesmas informações e compreendem que são parte integrante da vida organizacional, que possuem valores comuns e que compartilham dos mesmos interesses, os resultados fluem. É de extrema importância que todos os funcionários saibam quais são os objetivos da organização, sua missão e valores. Dessa forma, todos se sentem parte do empreendimento, dedicando-se mais e contribuindo com sugestões e críticas.

Em tempos em que as organizações têm de operar com um quadro de funcionários cada vez menor, é importante que as pessoas sejam capazes de tomar decisões. O *empowerment* é uma filosofia que só pode funcionar com colaboradores preparados e conscientes dos objetivos da organização.

É sabido que o sucesso de uma organização depende do comprometimento de seus funcionários. Programas de qualidade, por exemplo, tornam-se inviáveis se os colaboradores não "comprarem" a ideia. Para envolver os funcionários com os objetivos da organização, a comunicação é fator fundamental. Para tanto, ela deve ser uma preocupação de todos e, principalmente, dos principais executivos.

FATOR DE MOTIVAÇÃO

A comunicação é fator de motivação e satisfação dos colaboradores. Por meio da comunicação interna é possível motivar os recursos humanos, conhecer suas opiniões, sentimentos e aspirações. Na medida em que o público interno é estimulado a participar e encontra abertura para dar sua opinião, sente-se mais valorizado e motivado.

Pesquisas mostram que fatores como uma política de recursos humanos arrojada, estímulo à participação, clareza de objetivos e a comunicação interna, ao lado de boas condições de trabalho, segurança, remuneração, justiça de tratamento e estilo de supervisão determinam o grau de satisfação dos empregados. Embora a comunicação com os colaboradores já seja reconhecida como fundamental pela maioria dos empresários, nessa matéria, quase todo mundo fica de "recuperação". Apesar de terem derrubado paredes e achatado os organogramas, as empresas, na prática, ainda não conseguiram que as informações circulem como os funcionários gostariam.

> *O ambiente organizacional favorável à gestão participativa facilita a troca de ideias e o surgimento de soluções inovadoras.*

A comunicação promove a integração entre as áreas. Sobretudo nos dias de hoje, em que cada vez mais as empresas são organizadas por processos e precisam buscar sinergia entre as áreas para otimizar o uso de verbas, pessoas e instalações, bons sistemas de comunicação são fundamentais para o sucesso dos negócios. Na maioria das empresas a falta de relacionamento entre as áreas é um dos principais problemas, sendo que a falta de comunicação é um dos fatores responsáveis. Além disso, a comunicação é instrumento de transmissão da cultura organizacional e facilitadora dos processos de mudança.

A comunicação interna é um agente humanizador das relações de trabalho. No entanto, as organizações não podem considerar apenas a questão da competitividade e do lucro. Para que a organização cumpra plenamente seu papel na sociedade, é necessário que ela tenha uma relação responsável com o meio ambiente, com o governo, com a comunidade onde está inserida e, principalmente, com seu público interno. Diversos fatores, como a revolução tecnológica e a globalização estabeleceram uma nova relação entre as organizações e seu público interno em que a postura de ambos mudou. No Brasil ,outros fatores influenciaram essa mudança, por isso é necessário um breve resgate do desenvolvimento das atividades de comunicação empresarial no país.

DIÁLOGO NAS ORGANIZAÇÕES

A postura paternalista, que marcou as empresas durante o processo de industrialização brasileiro, cede lugar a um comportamento mais maduro entre patrões e empregados. A realidade fechada das empresas paternalistas, em que "todos constituíam uma grande família" envolvia "muita briga, muita fofoca, muito medo". Eram as políticas do "manda quem pode, obedece quem tem juízo" e do "estamos aqui para cuidar de você, não pense, deixe isso por nossa conta", entre outras.

Com o crescimento do movimento sindical, da liberdade, das conquistas sociais, as relações entre patrões e empregados adquirem outra configuração e o conflito de interesses faz, muitas vezes, com que cheguem próximas ao impasse, mas a mudança do cenário nacional e mundial gera necessidades de aprimoramento da mão de obra, o que exige que os interesses de empresários e dos trabalhadores sejam harmonizados por meio de processos de negociação.

Um indício desta necessidade é a publicação do *Guia Exame: as melhores empresas para você trabalhar*. Figurar em uma dessas edições agrega valor para a empresa em termos de imagem e clima organizacional. Além da comunicação interna, são considerados fatores de qualidade no ambiente de trabalho: salários, benefícios, oportunidades de carreira, segurança e confiança na gestão, orgulho do trabalho e da empresa, camaradagem no ambiente de trabalho, treinamento e desenvolvimento e inovação no sistema de trabalho.

A comunicação excelente, de acordo com o *Guia Exame*:

- É transparente.
- É uma via de mão dupla, que funciona com a mesma eficiência de baixo para cima, como de cima para baixo.
- Possui mecanismos formais que facilitam a abertura da comunicação interna.
- Preocupa-se em informar o empregado sobre tudo que pode afetar sua vida.
- Informa os empregados sobre fatos que podem mudar a empresa antes que os jornais o façam.

A comunicação interna também forma "embaixadores" da organização, que são verdadeiros multiplicadores dos valores, atividades e produtos da empresa. O público interno é, certamente, um dos que têm maior crédito ao falar a respeito da organização. Por isso, é muito importante que ele esteja sempre bem informado, sendo o primeiro a saber sobre as notícias da empresa.

Para que a comunicação interna tenha sucesso, é necessário conhecer em profundidade o público interno. Para que os colaboradores aceitem e confiem nos veículos e mensagens da comunicação interna, também é necessário que esta esteja de acordo com as suas expectativas e necessidades. Para tanto, são necessárias pesquisas e auditorias de opinião envolvendo – no caso de uma pesquisa qualitativa – profissionais de diversos níveis da hierarquia organizacional em uma amostragem com 10 a 15% do universo de pessoas, devendo incluir os principais cargos gerenciais, identificar e incluir as principais lideranças informais. Para uma pesquisa quantitativa, o ideal é o envolvimento de todos os funcionários da empresa.

O conceito público da empresa está sendo construído dentro de casa. O papel da comunicação empresarial não se restringe a montar uma imagem institucional para fora dos muros da empresa, sendo de fundamental importância que a boa imagem institucional seja vivenciada internamente, pois os bons resultados e o eficaz desempenho da organização dependem diretamente do grau de entusiasmo de seu público interno.

São assim, produtos a serem trabalhados:

- *Manuais, cartilhas, folhetos e cartazes*: elaboração de documentos e publicação de circulação interna.
- *Jornal de empresa* (house-organ): não basta ter um jornal, é preciso que ele seja formativo – mensagens bem estruturadas e informativo com notícias relevantes –, tudo isso em formato atraente e interativo.
- *Campanhas motivacionais*: é vital despertar o entusiasmo em pertencer à empresa por meio de eventos especiais como concursos, pesquisas de opinião e clima social, sugestões, clubes de cidadania, ciclo de felicidade no trabalho.
- *Workshops, seminários, palestras e convenções*: organização de eventos culturais e técnicos que reforçam a integração das equipes.

A empresa que incentiva a manifestação de ideias e o franco diálogo entre os seus funcionários tem grande potencial para superar crises e ser bem-sucedida em seu segmento de atuação.

MUITO ALÉM DA COMUNICAÇÃO INTERNA

"Conhece-te a ti mesmo."
Platão (469-399 a.C.)

A comunicação interna para as empresas e a comunicação interior para as pessoas deveriam ser valorizadas como uma das mais importantes filosofias de gestão e de vida.

Ao mesmo tempo que devemos buscar estabelecer um bom fluxo de comunicação entre os profissionais dos diversos setores e das diferentes áreas que compõem uma organização, é imprescindível para nossa vida pessoal a abertura franca e contínua para a comunicação intrapessoal, ou seja, para o diálogo interior que temos com nós mesmos quando refletimos sobre nossas dúvidas, perplexidades, dilemas, decisões e opiniões.

> **LIMITES DA CONVERSAÇÃO**
>
> Há certas coisas que não haveria mesmo ocasião de as colocarmos sensatamente numa conversa – e que só num poema estão no seu lugar. Deve ser por esse motivo que alguns de nós começaram, um dia, a fazer versos. Um modo muito curioso de falar sozinho, como se vê, mas o único modo de certas coisas caírem no ouvido certo.
>
> Fonte: Mario Quintana. *Caderno H*. Rio de Janeiro: Globo, 1989.

A todo momento, conversamos com nós mesmos, seja para definir e avaliar sentimentos, emoções, comportamentos e atuações, seja para emitir opiniões, formular ideias, aprofundar pensamentos e buscar compreender o sentido do que ouvimos e vivemos. São os mais variados assuntos e temas que analisamos em um verdadeiro fórum de debates, discussões, conversações íntimas, completamente imperceptíveis para quem está de fora.

Para que um conhecimento seja transformador em nossas vidas, não basta falar e argumentar sobre ele com outras pessoas. É necessário vivenciá-lo por dentro, pela ótica dos nossos sentimentos e valores, das nossas emoções, crenças e intuições, além do nosso estado de espírito.

O pensador austríaco Martin Buber é um dos que melhor definiu o sentido da comunicação intrapessoal ao desenvolver o conceito do diálogo como exigências social e existencial, com ênfase na disposição para o diálogo constante, e como aspecto intrínseco ao ser humano.

Para Buber, o diálogo é uma ação essencial do homem, baseada em dois movimentos básicos: o movimento básico dialógico, que consiste em "voltar-se para o outro", ou seja, considerar a presença do outro, dirigindo nossa atenção e exteriorizando em gestos o que a alma quer mostrar; e o movimento básico monológico, que consiste em "dobrar-se-em-si-mesmo". Considerando a existência desses dois movimentos, acontece o que ele designou como diálogo autêntico ou genuíno.

Aplicada à dimensão organizacional, a filosofia de Buber se expressa pela postura das lideranças da empresa de favorecer ao máximo a comunicação interpessoal e intrapessoal, ou seja, devemos favorecer o diálogo, a troca de ideias e o relacionamento humano tanto nos ambientes interno (empresa *versus* colaboradores) e externo (empresa *versus* sociedade), como também no plano interior (a reflexão, a relação da pessoa com ela mesma).

> *"Apesar de todos os riscos e desgastes, tentar uma resposta ao indiferentismo, buscar uma nova forma de relação dialogal será sempre um horizonte cheio de esperanças, onde as experiências, comprometidas com a relação do pensamento e da reflexão, estejam manifestadas na realidade prática do encontro existencial face a face."*
> Martin Buber (1878-1965),
> filósofo, escritor e pedagogo austríaco

As organizações precisam aprender a criar tempos e espaços que favoreçam a comunicação intrapessoal. São momentos para as pessoas pensarem sobre o sentido daquilo que precisam fazer. Ação sem reflexão é coisa para máquinas. Infelizmente, ainda é predominante a ausência de programas de desenvolvimento humano voltados para o exercício do pensar reflexivo e da comunicação intrapessoal.

PARADA PARA REFLEXÃO: "EU ESTOU EM MIM"

A Biblioteca Nacional tem algumas páginas de diários dos bandeirantes, que no século XVI penetraram nos sertões e nas matas brasileiras em busca de ouro, prata e pedras preciosas. Nessas expedições, conhecidas como Entradas e Bandeiras, eles dizimavam tribos e capturavam índios para o trabalho escravo. Em relatos técnicos e desumanos, os bandeirantes definiam os índios como "lentos e preguiçosos para executarem atividades como carregadores de provisões e minerais". Durante as longas expedições pelo interior do Brasil, muitos índios foram brutalmente martirizados e assassinados por esse motivo.

Historiadores e sociólogos revelaram que as expedições dos bandeirantes eram realizadas em ritmo frenético em razão do medo de serem atacados por animais selvagens ou ficarem perdidos no emaranhado das florestas. Independentemente das violentas repreensões, após um determinado tempo de caminhada, os índios se agachavam e interrompiam a marcha sem nenhuma razão aparente. Muitos eram chicoteados até a morte, mas o grupo não se levantava para continuar a caminhada de jeito nenhum. Eles alegavam que, com o ritmo intenso da caminhada, suas almas ficavam para trás e eles se tornavam uma espécie de zumbis. Por isso, os índios se agachavam e esperavam a chegada de suas almas para retomar a dura e cruel jornada.

Com as devidas adequações, podemos fazer uma analogia dessa triste passagem da história de nosso país com os atuais ambientes corporativos, regrados por normas e padrões que visam à superação de metas e ao alcance de resultados cada vez maiores. De modo geral, os profissionais são induzidos a agir de forma reativa, sem pensar ou refletir sobre o sentido do que estão realizando, visando apenas à superação de metas e resultados, muitas vezes, sobre-humanos.

O profissional multifuncional, empreendedor e de alta performance não é um robô. É um ser humano, que precisa de tempo e condições para refletir sobre o sentido e as consequências do que faz e do que precisa realizar.

Empresas e profissionais deveriam intensificar a criação de tempo e espaço reservados para a reflexão e o pensamento crítico. Domenico de Masi designou essa necessidade como ócio produtivo. Seria uma parada para retomar o contato com nós mesmos e buscar o sentido e a coerência entre aquilo que somos, pensamos, sentimos e fazemos.

Temos acompanhado pelos noticiários casos aterrorizantes de crimes hediondos cometidos por pessoas consideradas mentalmente saudáveis, que agem como se estivessem "fora de si". Organizações e seres humanos precisam resgatar o sentido de suas existências. Um exercício zen budista muito interessante, consiste em posicionar-se de forma cômoda e meditar sobre a frase "eu estou em mim".

EXERCÍCIOS

1. Elabore o planejamento de criação de uma publicação interna para uma grande empresa (cerca de três mil funcionários), definindo os seguintes aspectos:

- O objetivo da publicação e efeitos desejados.
- Público-alvo (interno: funcionários, colaboradores e terceirizados; externo: acionistas, clientes, fornecedores, revendedores, imprensa, governos e opinião pública em geral).
- Veículo (internet, rádio, televisão, jornal impresso, revista, boletim ou jornal mural).
- Linha editorial (conteúdo/assuntos a serem abordados em uma primeira pauta).
- Nome da publicação, das seções (veículo impresso/internet) ou programas (rádio/televisão).
- Definir periodicidade e forma de distribuição.

Observações relevantes a serem levadas em consideração:

- O lançamento de um veículo interno de comunicação deve ter início com a clara definição dos seus objetivos. Para tanto, deve-se responder às indagações da fórmula clássica concebida, em 1948, por Harold Lasswell: **1) Quem?** – *fonte e fatores que guiam o ato da comunicação;* **2) Diz o quê?** – *análise do conteúdo;* **3) Em que canal?** – *meio de comunicação;* **4) Para quem?** – *pessoas alcançadas pelo processo.*
- É fundamental calcular com precisão os custos que envolvem toda a produção e os recursos financeiros, humanos e materiais disponíveis para execução do trabalho (orçamento, profissionais especializados, acomodações, equipamentos e serviços de terceiros).
- Para produzir uma boa publicação interna, é necessário planejar, pesquisar, selecionar, organizar, redigir e apresentar informações e conhecimentos, dentro dos princípios da busca do aperfeiçoamento contínuo de todas as etapas do processo de produção. No caso de um veículo impresso, deve-se seguir as seguintes fases:
    - Reunião de pauta: definição dos assuntos a serem abordados, enfoques e tratamento a ser dado aos temas.
    - Apuração das matérias: entrevistas, reportagens, pesquisas e conversas informais com a direção e os funcionários.
    - Redação dos textos, produção de fotos e seleção de imagens.
    - Revisão ortográfica e gramatical.
    - Editoração eletrônica: tratamento gráfico a ser dado aos textos e imagens.
    - Revisão gráfica.
    - Impressão.
    - Distribuição.
- O conteúdo e a forma de apresentação e veiculação da publicação interna fortalecem atitudes e consolidam as crenças e valores da cultura da empresa.
- Na escolha do conteúdo, é preciso atentar para dois aspectos fundamentais: as matérias sobre a companhia devem interessar aos

funcionários e as matérias sobre os funcionários devem interessar à empresa.
- Parte da tiragem da publicação interna pode ser dirigida ao público externo formador de opinião, por exemplo, imprensa, sindicatos e faculdades de comunicação e administração. Essa é uma forma de reforçar o intercâmbio de ideias a respeito de tudo que se relacione com a organização.

2. Para refletir e avaliar:

Caso 1 – Comunicação para motivar

Situação: uma grande empresa – identificaremos como Y Alimentos – líder de mercado no seu segmento de atuação, atravessa sério momento de crise, motivado pelo baixo índice de produtividade dos seus 2 mil funcionários, distribuídos em três unidades fabris e uma sede administrativa. Em razão do não cumprimento dos prazos de entrega dos produtos aos clientes (empresas do setor varejista), a Y Alimentos vem registrando uma média mensal de cancelamento de pedidos da ordem de 45%. Além de não possuir um programa de recursos humanos bem elaborado, a Y Alimentos nunca desenvolveu uma estratégia de comunicação interna ou programa de endomarketing. Para reverter essa situação, foi contratada uma empresa de comunicação empresarial para desenvolver uma campanha motivacional, que incentive os funcionários a trabalharem com maior engajamento, visando ao cumprimento dos cronogramas de produção (prazos de execução dos trabalhos) e concretização das metas de atendimento aos seus clientes.

Questão: indique mudanças na filosofia da empresa, relacionadas à área de comunicação interna, propondo um plano de ação que envolva a criação de canais de comunicação com os funcionários.

Caso 2 – O jornal está muito caro

Situação: o jornal interno de uma indústria de porte médio é muito bem recebido pelos funcionários, que se sentem valorizados e bem informados sobre assuntos de interesse da empresa e do seu corpo funcional. A publicação desempenha um importante papel motivacional para a formação de um ambiente de trabalho caracterizado pela integração e engajamento dos profissionais dos mais diversos níveis.

O jornal, de periodicidade mensal, é terceirizado por meio da prestação de serviço de um jornalista autônomo, que administra todo o processo de produção. Fica a cargo desse profissional a responsabilidade jornalística, que engloba as seguintes funções: apuração de matérias, redação de notícias e reportagens, realização de entrevistas e coberturas jornalísticas de eventos que a empresa realiza ou participa, revisão gráfica e gramatical, edição, acompanhamento da editoração eletrônica e avaliação das provas finais (prelo), acompanhamento gráfico da produção e coordenação da distribuição. A empresa contratante arca com os custos relativos aos serviços gráficos, editoração eletrônica, fotolitos, fotografias e distribuição.

Apesar de todo o sucesso e reconhecimento do jornal pelo seu público leitor, e por clientes e fornecedores que conheciam a publicação, o diretor financeiro da empresa convoca o jornalista e diz achar o custo muito alto, uma vez que, a seu ver, aquele produto não gerava nenhum tipo de lucro. O diretor comunica ter autonomia para tomar a decisão de reduzir a periodicidade do jornal para trimestral. O jornalista contra-argumenta, conseguindo provar o contrário e revertendo a opinião do diretor, convencendo-o inclusive a pensar na mudança para uma versão quinzenal.

Questão: que argumentos você usaria para convencer o diretor financeiro dessa empresa a mudar o ponto de vista inicial desfavorável à importância do jornal interno?

PESQUISA DE VALORES E COMPORTAMENTO 5

"Uma das melhores formas para se ter a garantia do retorno de investimentos e conhecer o potencial de crescimento de uma empresa é através de pesquisas que indicam a forma de pensar dos seus funcionários."
George Soros, megainvestidor, ao falar numa palestra na
Carnegie Mellon University, na Pensilvânia (EUA),
em março de 2003

O TERMÔMETRO DO CLIMA ORGANIZACIONAL

As inovações científicas e os avanços tecnológicos estão alterando nossa forma de viver, pensar, comunicar e administrar. Nesse contexto mundial de profundas transformações, mostra-se fundamental a necessidade de se repensar os conceitos de trabalho e os modelos de gestão empresarial.

À reflexão crítica desse panorama de profundas e rápidas mudanças, deve-se somar a importância da flexibilidade e da criatividade na vida das pessoas e das organizações. Buscando motivar os funcionários para enfrentarem esses cenários desafiadores, norteados por objetivos e metas em comum, muitas empresas passaram a investir sistematicamente em ações de comunicação interna. Porém, isso mexe com a cultura da empresa, ou seja, com as crenças, valores, atitudes e comportamentos que permeiam todas as pessoas que formam a organização.

Diante dessa constatação ganharam relevo as pesquisas de cultura e clima organizacional – também denominadas como pesquisa de valores e comportamento. O clima de uma empresa expressa o nível de motivação e opinião dos seus funcionários. A pesquisa de clima vai refletir o modo como a empresa lida com seus colaboradores, influenciando o comportamento dos indivíduos.

Merece destaque a importância da pesquisa de clima organizacional como um instrumento de auxílio à gestão administrativa. Também é útil lembrar que o estudo de clima organizacional constitui-se em um excelente canal de comunicação entre os níveis organizacionais mais altos e os demais existentes na empresa. Com certeza, o resultado dessa iniciativa chegará até os clientes externos.

O vínculo entre a satisfação dos funcionários e a satisfação dos clientes cria uma relação de corresponsabilidade entre as empresas e os funcionários. Em razão disso, o nível de satisfação dos clientes internos é um importante indicador dos esforços da empresa no sentido de melhorar a satisfação dos clientes externos e o desempenho operacional. Fatores orientados para a segurança, saúde, bem-estar físico, mental e moral dos clientes internos devem ser parte dos objetivos de melhoria contínua da empresa. Ouvir a voz e compreender os pensamentos e sentimentos do cliente interno é, portanto, o primeiro passo a ser dado antes de procurar satisfazer outras expectativas.

Dentro dessa perspectiva, antes de iniciar uma campanha motivacional ou um programa de endomarketing – cada empresa adota a nomenclatura que melhor se adapta à sua realidade – é preciso saber como as pessoas que lá trabalham pensam, agem e reagem. É preciso conhecer bem quais são os valores e comportamentos que movimentam os seres humanos que atuam na mesma organização.

Nesse caso, para se conhecer a realidade da empresa entra em cena a pesquisa de valores e comportamento, que oferece informações para o entendimento claro da empresa, no que se refere à sua cultura e à motivação dos funcionários.

As informações apuradas pela pesquisa favorecem o aperfeiçoamento e a eficácia das ações futuras, voltadas para o atendimento das demandas do público interno e externo. Essa é uma valiosa fonte de informações que dá um vigoroso suporte para a elaboração das estratégias de comunicação.

Os resultados devem ser detalhadamente analisados e considerados nos diversos percentuais da tabulação. Todas as informações apuradas indicam os valores que moldam as atitudes e comportamentos das pessoas que integram a organização. A identificação dos pontos fortes e dos pontos fracos, que configuram o cenário organizacional da empresa, permite que sejam vislumbradas ações estratégicas a curto, médio e longo prazos.

Os dados da pesquisa podem mostrar claramente a identificação dos funcionários com os valores e objetivos da empresa, porém, podem apresentar também indicadores de significativas restrições em alguns itens relacionados às áreas de política de recursos humanos (plano de saúde, salários, desenvolvimento e qualificação profissional), integração (matriz e sucursais) e comunicação (divulgação e *feedback*).

FORMAS DE REALIZAÇÃO DE PESQUISA

São muito variados os tipos e as formas de realização de pesquisa de cultura e clima organizacional, desde questionários detalhados, que possibilitam interpretações mais complexas, até perguntas simples e diretas, que favorecem respostas entre um "sim" ou um "não".

Quanto ao seu gênero, a pesquisa pode ser classificada como qualitativa, quantitativa e temática.

- *Pesquisa qualitativa*: é quando se diferencia um público específico. Os dados qualitativos fundamentam-se em descrições detalhadas de situações com o objetivo de compreender os indivíduos em seus próprios termos. Os dados não são padronizáveis como os dados quantitativos, obrigando o pesquisador a ter flexibilidade e criatividade no momento de coletá-los e analisá-los. Nesse método, não existem regras precisas e passos padronizados. O bom resultado dependerá da sensibilidade e experiência do pesquisador em não interferir na manifestação de opinião do entrevistado. O instrumento básico é a entrevista.

- *Pesquisa quantitativa*: é mais generalizada, não há um público em especial e as abordagens seguem rigor matemático.
- *Pesquisa temática*: é quando um assunto é definido e há diversas fontes a serem consultadas.

As perguntas podem ser estruturadas de diferentes maneiras:

1) *Perguntas rigidamente padronizadas*: quando são apresentadas a todos exatamente com as mesmas palavras e na mesma ordem, de modo a assegurar que todos os entrevistados respondam à mesma pergunta, podendo as respostas serem mais facilmente comparáveis.
   a) *Fechadas*: quando as respostas ficam limitadas às alternativas propostas. São padronizadas, fáceis de aplicar, analisáveis de maneira rápida e pouco dispendiosa. Contudo, as pessoas apresentam respostas limitadas.
   b) *Abertas*: quando as respostas são livres. Não são limitadas pelas alternativas propostas, o pesquisado fala ou escreve livremente sobre o assunto que é proposto. A análise das respostas torna-se complexa e mais difícil.
2) *Perguntas assistemáticas*: solicitam respostas espontâneas, não dirigidas pelo pesquisador e sua equipe. A análise dos resultados é muito mais difícil.
3) *Perguntas projetivas:* utilizam recursos visuais (pinturas, quadros, fotos, desenhos) para estimular a resposta.

A escolha dos tipos apresentados depende muito dos objetivos da pesquisa, da equipe disponível para aplicar e apurá-la e da real necessidade da sua realização.

É importante destacar também que toda pesquisa gera uma expectativa com relação aos seus resultados e às melhorias que ela poderá desencadear. Daí a importância de se planejar uma ampla divulgação dos resultados e dos seus possíveis efeitos futuros, com relação às melhorias funcionais, operacionais e administrativas.

COMPOSIÇÃO DOS QUESTIONÁRIOS

Todo questionário deve ter extensão e objetivos bem delimitados. A fase de elaboração deve ser caracterizada pela constituição de grupos de discussão, formados por representantes dos diversos níveis funcionais e especialistas sobre o assunto. O primeiro resultado dessa dinâmica deve ser a elaboração de um pequeno roteiro de preparação, a ser caracterizado pelos seguintes itens:

- Definição dos aspectos de maior interesse para a indicação dos temas a serem abordados nas perguntas.
- Decisão sobre os estilos de perguntas a serem aplicados.
- Redação das perguntas com clareza e objetividade.
- Organização das perguntas em uma sequência ordenada de acordo com os temas a serem abordados.
- Enumeração dos elementos que possam complementar as perguntas, tais como: pequeno texto introdutório sobre os objetivos da pesquisa; explicações sobre a forma de aplicação, critérios de avaliação e maneira de responder o questionário.

Considerações importantes para a redação das perguntas:

- Redigir as perguntas com concisão e clareza para facilitar a indicação das respostas.
- As perguntas devem estar diretamente associadas aos objetivos da pesquisa.
- Evitar a utilização de palavras confusas e termos técnicos desconhecidos dos pesquisados.
- Evitar a formulação de duas questões em uma só pergunta.
- As perguntas não devem refletir a opinião do pesquisador ou posição da empresa.
- Deve-se criar ambientes tranquilos para a aplicação da pesquisa.
- A interpretação das respostas deve seguir critério rigoroso de normatização para não haver interpretação duvidosa.

MODELO DE PESQUISA DE CULTURA E CLIMA ORGANIZACIONAL

A seguir, apresentamos o exemplo verídico do projeto de pesquisa para uma grande organização de abrangência estadual, formada por um expressivo conglomerado de empresas municipais (unidades fabris).

PESQUISA DE VALORES E COMPORTAMENTO

OBJETIVO
A pesquisa é um dos instrumentos básicos para a formulação de um plano de comunicação interna, ao oferecer subsídios para o entendimento claro da organização, relacionados à cultura, clima, atitudes e comportamentos funcionais.

ORIENTAÇÕES
- Trata-se de pesquisa anônima, portanto, não escreva seu nome.
- Não há possibilidade de que você seja identificado, pois os formulários, após preenchidos, serão remetidos imediatamente a uma empresa externa, que fará a tabulação e destruirá os formulários.

CRITÉRIO DE RESPOSTAS
- Limite-se a responder com um "X" aos quesitos que mais se ajustem a sua convicção.
- As opções de resposta significam:
    - **Concordo plenamente** – aprovação máxima ao proposto na questão.
    - **Concordo** – reconhecimento de uma situação positiva que pode melhorar.
    - **Regular** – situação insatisfatória que precisa melhorar.
    - **Discordo** – reprovação de alguns aspectos.
    - **Discordo totalmente** – total discordância e reprovação.

- Identificar cargo ou função na empresa
    - **Liderança** – exercício de qualquer função de comando (diretor, gerente, coordenador, supervisor etc.).

- **Técnico** – profissionais liberais (médico, professor, engenheiro, assessor etc.).
- **Administrativos** – nível técnico (secretária, auxiliar-administrativo, porteiro, servente etc.).
- **Prestador de serviço** – colaboradores com contratos temporários.

• Caso sinta necessidade de alguns comentários, use a folha anexa "Observações complementares".

PESQUISA

Em função de observações e entrevistas, com uma amostra do público interno (entrevistas e conversas reservadas) da organização, estruturamos a pesquisa em três categorias de valores:

1. INTEGRAÇÃO
Entendendo-se como:
- Renovação organizacional.
- Espaço à participação decisória/delegação de autoridade/criatividade.
- Estrutura flexível.
- Comunicação humana e tecnológica.
- Trabalho em equipe.
- Visão estratégica.
- Lideranças interativas.
- Ação conjunta e cooperação.
- Flexibilidade organizacional e nível de burocratização.

2. VALORIZAÇÃO HUMANA
Entendendo-se como:
- Renovação humana.
- Respeito à dignidade humana.
- Políticas de promoção e desenvolvimento dos talentos.
- Cooperação, cordialidade e solidariedade.
- Ambiente de trabalho/reconhecimento/salários e benefícios.
- Responsabilidade social/voluntariado.

3. SUSTENTABILIDADE
Entendendo-se como:
- Renovação contínua.
- Visão institucional/integração sistêmica.
- Visão de mercado e de cliente.
- Estratégia de empresa.
- Política de marketing.
- Qualidade interna e externa dos serviços.
- Criatividade e inovação.
- Gerente/líder/educador/empreendedor/renovador.
- Desempenho/resultados/reconhecimento.
- Visão de futuro.
- Modernização.
- A força da marca da empresa.

CARGO OU FUNÇÃO NA EMPRESA
( ) Liderança
( ) Técnico
( ) Administrativo

1. Há clima de abertura, confiança e motivação para o trabalho na empresa.
( ) Concordo plenamente
( ) Concordo
( ) Regular
( ) Discordo
( ) Discordo totalmente

2. Há integração entre a minha área e as outras áreas da empresa.
( ) Concordo plenamente
( ) Concordo
( ) Regular
( ) Discordo
( ) Discordo totalmente

3. **As decisões das diretorias da organização ajudam a realização eficaz do meu trabalho.**
   ( ) Concordo plenamente
   ( ) Concordo
   ( ) Regular
   ( ) Discordo
   ( ) Discordo totalmente

4. **O trabalho em equipe é valorizado pelo meu chefe.**
   ( ) Concordo plenamente
   ( ) Concordo
   ( ) Regular
   ( ) Discordo
   ( ) Discordo totalmente

5. **Meu chefe estimula a criatividade e a iniciativa para a melhoria do trabalho.**
   ( ) Concordo plenamente
   ( ) Concordo
   ( ) Regular
   ( ) Discordo
   ( ) Discordo totalmente

6. **Meu chefe reconhece quando realizo um bom trabalho.**
   ( ) Concordo plenamente
   ( ) Concordo
   ( ) Regular
   ( ) Discordo
   ( ) Discordo totalmente

7. **Meu chefe ouve minhas críticas, reclamações e reivindicações.**
   ( ) Concordo plenamente
   ( ) Concordo
   ( ) Regular
   ( ) Discordo
   ( ) Discordo totalmente

8. **Meu chefe é autoritário e individualista, não forma equipe.**
( ) Concordo plenamente
( ) Concordo
( ) Regular
( ) Discordo
( ) Discordo totalmente

9. **O processo de comunicação na empresa é direto, claro, permanente.**
( ) Concordo plenamente
( ) Concordo
( ) Regular
( ) Discordo
( ) Discordo totalmente

10. **A comunicação do meu chefe comigo e com minha equipe é constante e amigável.**
( ) Concordo plenamente
( ) Concordo
( ) Regular
( ) Discordo
( ) Discordo totalmente

11. **Recebo delegação de autoridade suficiente para realizar o meu trabalho.**
( ) Concordo plenamente
( ) Concordo
( ) Regular
( ) Discordo
( ) Discordo totalmente

12. **Tenho orgulho em pertencer ao quadro funcional da empresa.**
( ) Concordo plenamente
( ) Concordo
( ) Regular
( ) Discordo
( ) Discordo totalmente

13. **As vagas em aberto na organização são preenchidas prioritariamente por recrutamento e seleção internas.**
( ) Concordo plenamente
( ) Concordo
( ) Regular
( ) Discordo
( ) Discordo totalmente

14. **A organização proporciona oportunidades para meu desenvolvimento humano e profissional.**
( ) Concordo plenamente
( ) Concordo
( ) Regular
( ) Discordo
( ) Discordo totalmente

15. **Estou satisfeito com as condições físicas de trabalho e equipamento.**
( ) Concordo plenamente
( ) Concordo
( ) Regular
( ) Discordo
( ) Discordo totalmente

16. **Meu superior direto avalia meu desempenho e orienta-me sobre como melhorá-lo.**
( ) Concordo plenamente
( ) Concordo
( ) Regular
( ) Discordo
( ) Discordo totalmente

17. **Recebo treinamento para desenvolver as minhas habilidades profissionais.**
( ) Concordo plenamente
( ) Concordo
( ) Regular

( ) Discordo
( ) Discordo totalmente

18. Na empresa, os salários são competitivos tendo em vista o mercado de trabalho.
( ) Concordo plenamente
( ) Concordo
( ) Regular
( ) Discordo
( ) Discordo totalmente

19. Estou satisfeito com os benefícios oferecidos.
( ) Concordo plenamente
( ) Concordo
( ) Regular
( ) Discordo
( ) Discordo totalmente

20. Os diretores da organização conhecem as ideias e sugestões de seus funcionários e colaboradores.
( ) Concordo plenamente
( ) Concordo
( ) Regular
( ) Discordo
( ) Discordo totalmente

21. A cooperação no trabalho é estimulada para formar "espírito de equipe".
( ) Concordo plenamente
( ) Concordo
( ) Regular
( ) Discordo
( ) Discordo totalmente

22. Em geral, as chefias são justas ao administrar conflitos no trabalho.
( ) Concordo plenamente
( ) Concordo

( ) Regular
( ) Discordo
( ) Discordo totalmente

23. Há respeito mútuo entre chefes e subordinados.
( ) Concordo plenamente
( ) Concordo
( ) Regular
( ) Discordo
( ) Discordo totalmente

24. A empresa está interessada em garantir a felicidade das pessoas no ambiente de trabalho.
( ) Concordo plenamente
( ) Concordo
( ) Regular
( ) Discordo
( ) Discordo totalmente

25. Gostaria de disponibilizar voluntariamente algumas horas do meu trabalho para ações sociais humanitárias (menores carentes, creches, asilos, hospitais, alfabetização etc.).
( ) Concordo plenamente
( ) Concordo
( ) Regular
( ) Discordo
( ) Discordo totalmente

26. Sou favorável a que a organização prepare e identifique a admissão de deficientes físicos em seus quadros.
( ) Concordo plenamente
( ) Concordo
( ) Regular
( ) Discordo
( ) Discordo totalmente

27. **Sou contra qualquer preconceito relacionado a raças e crenças religiosas no ambiente de trabalho.**
( ) Concordo plenamente
( ) Concordo
( ) Regular
( ) Discordo
( ) Discordo totalmente

28. **Conheço e compreendo claramente a missão da empresa.**
( ) Concordo plenamente
( ) Concordo
( ) Regular
( ) Discordo
( ) Discordo totalmente

29. **Conheço os produtos e serviços das unidades que compõem a organização.**
( ) Concordo plenamente
( ) Concordo
( ) Regular
( ) Discordo
( ) Discordo totalmente

30. **Conheço todos os produtos e serviços da minha unidade.**
( ) Concordo plenamente
( ) Concordo
( ) Regular
( ) Discordo
( ) Discordo totalmente

31. **Conheço os produtos e serviços das concorrentes.**
( ) Concordo plenamente
( ) Concordo
( ) Regular
( ) Discordo
( ) Discordo totalmente

32. Conheço e compreendo as estratégias, os objetivos e metas da minha área de trabalho.
( ) Concordo plenamente
( ) Concordo
( ) Regular
( ) Discordo
( ) Discordo totalmente

33. O meu chefe imediato me mantém informado a respeito das decisões e resultados que afetam meu trabalho.
( ) Concordo plenamente
( ) Concordo
( ) Regular
( ) Discordo
( ) Discordo totalmente

34. Conheço o "direcionamento estratégico anual da organização".
( ) Concordo plenamente
( ) Concordo
( ) Regular
( ) Discordo
( ) Discordo totalmente

35. Os produtos e serviços da organização seguem rigorosos padrões de qualidade.
( ) Concordo plenamente
( ) Concordo
( ) Regular
( ) Discordo
( ) Discordo totalmente

36. Tenho consciência de que a diminuição da contribuição compulsória aumenta minha responsabilidade pela sustentabilidade da organização.
( ) Concordo plenamente
( ) Concordo
( ) Regular

( ) Discordo
( ) Discordo totalmente

37. As unidades da organização atendem as necessidades da sociedade e do setor industrial com eficiência.
( ) Concordo plenamente
( ) Concordo
( ) Regular
( ) Discordo
( ) Discordo totalmente

38. A organização é reconhecida por seus clientes e pela sociedade como uma instituição de qualidade e prestígio.
( ) Concordo plenamente
( ) Concordo
( ) Regular
( ) Discordo
( ) Discordo totalmente

39. A integração das unidades da organização valoriza a identidade operacional de cada unidade fabril.
( ) Concordo plenamente
( ) Concordo
( ) Regular
( ) Discordo
( ) Discordo totalmente

40. A organização é avançada na implantação de novas tecnologias.
( ) Concordo plenamente
( ) Concordo
( ) Regular
( ) Discordo
( ) Discordo totalmente

41. As unidades fabris investem em conforto para os clientes.
( ) Concordo plenamente

( ) Concordo
( ) Regular
( ) Discordo
( ) Discordo totalmente

42. As unidades fabris procuram estar sempre atualizadas quanto as necessidades e preferências dos clientes.
( ) Concordo plenamente
( ) Concordo
( ) Regular
( ) Discordo
( ) Discordo totalmente

43. A qualidade dos produtos e serviços da organização atende ao que é proposto pela publicidade.
( ) Concordo plenamente
( ) Concordo
( ) Regular
( ) Discordo
( ) Discordo totalmente

44. O esforço em procurar e conquistar novos clientes é constante.
( ) Concordo plenamente
( ) Concordo
( ) Regular
( ) Discordo
( ) Discordo totalmente

45. A organização desenvolve ações corretas para manter os clientes satisfeitos.
( ) Concordo plenamente
( ) Concordo
( ) Regular
( ) Discordo
( ) Discordo totalmente

46. A organização é ágil no atendimento às necessidades dos clientes.
( ) Concordo plenamente
( ) Concordo
( ) Regular
( ) Discordo
( ) Discordo totalmente

47. Pertenço ao quadro funcional:
( ) Sede
( ) Unidade fabril – matriz
( ) Unidades fabris municipais

Coloque em ordem, de um a dez, os valores que você considera mais importantes e que devem ser desenvolvidos na organização (enumere de 1 a 10, em ordem de prioridade, sendo o número 1 o mais importante):

( ) **Lealdade** (identificação com a missão e objetivos da organização)
( ) **Participação criativa** (liberdade para promover avaliações críticas e apontar ideias para a melhoria do trabalho)
( ) **Poder decisório** (oportunidade para crescentemente assumir responsabilidades e decisões correspondentes)
( ) **Produtividade** (capacidade para produzir resultados compensadores)
( ) **Reconhecimento** (aceitação de que é valorizado pelo seu desempenho)
( ) **Salário justo** (saber que recebe remuneração compatível com a sua competência)
( ) **Voluntariado** (possibilidade de prestar serviço espontâneo aos necessitados)
( ) **Amizade** (clima favorável para transformar colegas em amigos)
( ) **Segurança no emprego** (garantia de permanência em função de seu desempenho)
( ) **Felicidade** (sentir que o trabalho possibilita sua realização pessoal)

Suas observações e comentários: _____
_____
_____

EXERCÍCIOS

1. Para refletir e avaliar:

Situação: o Grupo XW e Associados é formado por 15 empresas principais, extremamente diversificadas, abrangendo as áreas de papel e celulose, têxtil (tecidos, roupas de cama e mesa), alimentícia (biscoitos, doces e massas), mineração, siderurgia, química, informática, imobiliária e financeira (banco de investimentos). Há 10 anos, a empresa possui uma revista institucional direcionada aos públicos interno e externo. Além de distribuída para todos os 15 mil funcionários, a publicação também é enviada para clientes, fornecedores, acionistas, imprensa e universidades.

Com a profissionalização da comunicação empresarial, estruturada em uma assessoria de relações com o mercado, verificou-se a necessidade de criação de veículos direcionados exclusivamente para os profissionais de cada ramificação do Grupo XW. Com o objetivo de intensificar o fluxo de comunicação com os seus funcionários, a organização resolveu aplicar uma ampla pesquisa de opinião.

Questão: elabore de forma sintética o objetivo, as formas de aplicação, o estilo das perguntas e temas a serem focados pela pesquisa.

2. Você terminou uma pesquisa de opinião dentro de uma universidade da 3ª idade.

Para completar os resultados tabulados da pesquisa realizada foi pedido uma complementação por meio de entrevistas com as mesmas pessoas pesquisadas. Que tipo de pergunta você escolheria?

Explique o porquê de sua escolha.

POLÍTICA DE COMUNICAÇÃO: UMA QUESTÃO DE ORDEM   6

FALTA DE VISÃO ESTRATÉGICA

Uma grande empresa do setor de varejo – Super Melhor –, com tradição de 50 anos de atuação no segmento, resolveu fazer mudanças de caráter logístico, mudando desde o *layout* de suas lojas, trocando os locais das seções de gêneros dos produtos e a forma de disponibilizá-los para seus clientes, até a estratégia de relacionamento com os fornecedores. Além disso, foram promovidas mudanças também no estilo de atendimento, que passou a privilegiar o autosserviço – o consumidor escolhe o produto, embala, pesa e coloca o selo com o código de barras para pagar nos caixas. Nos dois primeiros meses após a sua reinauguração, houve uma queda acentuada nas compras e grande aumento das reclamações da clientela. Os Serviços de Atendimento aos Clientes (SAC) registraram queixas expressivas – cerca de 65% –, relacionadas com a dificuldade de encontrar os produtos desejados e a de ser bem orientado pelos funcionários com relação às mudanças. A organização contou com a consultoria de uma das melhores empresas de marketing e logística do mercado internacional, porém, esqueceu de elaborar um plano de comunicação e divulgação para os seus funcionários (público interno) e clientes (público externo). Ambos ignoravam os novos preceitos e normas das alterações resultantes das mudanças logísticas. Os poucos que sabiam de algo, com alguma antecedência, apuraram informações por meios informais (rádio-corredor) ou por notas publicadas nos jornais.

COMUNICAÇÃO BEM DEFINIDA

Esse exemplo demonstra a total falta de visão estratégica da comunicação. A empresa Super Melhor errou por simplesmente não se comunicar com os seus funcionários e clientes. Esse tipo de situação costuma ocorrer entre médias e grandes empresas que não possuem uma política de comunicação bem definida e estruturada.

É importante destacar que o conceito de cidadania está mais presente na vida das pessoas, o que leva a sociedade a exigir das empresas maior transparência e prestação de contas de suas ações.

A partir dos anos 1990, as empresas brasileiras viram surgir à sua volta públicos que não querem saber só de produtos e serviços, mas também com claros objetivos de diálogo, não sendo mais possível conceber e executar planos, propostas e programas isolados de comunicação institucional, mercadológica, interna e administrativa. Faz-se necessário criar filosofia, política e mídia que privilegiem a integração das ações comunicacionais para fazer frente à demanda por informações da sociedade moderna.

A pluralidade do mercado faz as empresas dependerem, de forma crucial, da produção múltipla e permanente de informações agregadas aos seus produtos e serviços e, ainda, às ações dos seus gestores.

O acirramento da concorrência em escala internacional faz com que as empresas encarem a comunicação de forma muito mais abrangente, abrindo canais cada vez mais eficientes.

Nesse aspecto, a política de comunicação materializa a disposição da empresa em consolidar as suas ações integradas a estratégias de comunicação, voltadas para os ambientes interno e externo. Dessa maneira, a empresa passa a dar destaque especial para a sua interação com os funcionários, o mercado e a sociedade.

Essa é uma forma consistente da empresa assumir a comunicação como função estratégica, integradas ao processo de tomada de decisões. Com essa iniciativa, a empresa define procedimentos a serem observados por todo o seu corpo funcional, sinalizando a sua disposição para tornar transparente quais são os seus objetivos, metas, missão e planos de ação.

A organização transparente está aberta ao diálogo. Isso significa que ela se empenha tanto em falar quanto em ouvir, estabelecendo canais permanentes com os seus públicos e buscando sempre se adequar às novas demandas e desafios.

A organização transparente é aquela que – como é costume dizer no mercado – joga limpo, ou seja, não manipula dados ou informações com o objetivo de levar vantagem em tudo.

Parece incrível, mas existem muitos profissionais que trabalham há décadas em uma mesma companhia sem nunca ao menos conhecer ao certo qual a missão da empresa ou os objetivos e metas da sua área de negócio. Muitos dirão que isso hoje é praticamente impossível, pois toda grande empresa tem esses pontos muito bem definidos e destacados em veículos de divulgação (*folders*, livretos, sites, cartazes, CD-Rom etc.). Isso é verdade e inclusive algumas dessas peças de marketing institucional chegam a ser premiadas, não pelo conteúdo, mas pelo sofisticado tratamento gráfico que recebem. O fato é que a maior parte desse material fica engavetada, ou em cima de uma mesa, cumprindo a função de "enfeite institucional". Poucos – para não dizer ninguém – leem ou refletem sobre o que está escrito. Até mesmo por uma simples razão: poucas empresas têm o hábito de elaborar material dessa magnitude com a participação efetiva dos funcionários. Nem tampouco promovem sessões de leitura em programas de treinamento. Geralmente, a participação na produção do documento fica restrita aos cargos diretivos que, quase sempre, terceirizam a elaboração do trabalho para consultorias externas.

Muitos dos esforços de comunicação falham, pois eles dependem de uma série de condições e circunstâncias, como: fidelidade da mensagem, credibilidade dos dirigentes junto aos funcionários, habilidade e experiência do comunicador, linguagem adequada, nível de importância que é dado aos processos comunicacionais e, principalmente, a ausência de uma comunicação interna participativa e coerente entre o discurso e a prática cotidiana da empresa.

Esse quadro pode ser diferente quando a empresa decide consolidar, em sua cultura organizacional, um ambiente de participação e de abertura para o diálogo. Nesse caso, a política de comunicação assume função estratégica básica, definindo procedimentos gerais (como cada funcionário e colaborador deve fazer para receber e transmitir informações) e ações voltadas para o fluxo de informações internas e externas (como estruturar a comunicação e seus mecanismos). Iniciativas desse porte podem contribuir efetivamente para a construção na empresa de uma cultura voltada para o bom relacionamento com os funcionários, o mercado e a sociedade.

É relevante frisar que a desenvoltura e o domínio dos fluxos de comunicação com os seus diversos clientes não deve ser tarefa exclusiva das agências, assessorias e profissionais de comunicação ou relações públicas. No cotidiano de uma empresa moderna, a comunicação é realizada em todos os momentos, desde a relação entre gerentes e subordinados até o contato entre funcionários e clientes externos. Todos, o tempo todo, são responsáveis pelo bom fluxo de comunicação na empresa. Nesse aspecto, a política de comunicação deverá favorecer a comunicação funcionário-funcionário; chefe-subordinado; funcionários-clientes; empresa-fornecedores-terceirizados; e empresa-poderes públicos.

Para a elaboração de um plano de comunicação empresarial, é de fundamental importância identificar o público emissor e receptor do processo específico de comunicação. Sem essa visão holística do universo em que a empresa está inserida, dificilmente a comunicação alcançará seus objetivos.

O ideal – como costumamos destacar em nossas consultorias – é que as atividades de comunicação sejam orientadas por uma estratégia unificada, por meio de um Plano de Comunicação Empresarial. Essa iniciativa deve ser fruto de um esforço integrado, que envolva a participação de todos os dirigentes e funcionários no processo de elaboração. Isso pode ser feito, por exemplo, por meio de dinâmicas de grupo, pesquisas de opinião, ciclos de debate ou fóruns de reflexão no trabalho. Uma coisa é certa, o Plano de Comunicação não deve ser imposto aos funcionários como um decreto ou norma que deva ser seguida, sem questionamentos ou avaliações críticas. A comunicação e a abertura para o diálogo devem estar presentes em todas as etapas que consolidam a missão da empresa. Esse é o melhor fator de motivação para se alcançar o engajamento de todos pelo processo de desenvolvimento profissional contínuo e pelo engajamento para a busca do sucesso da empresa.

Por essa perspectiva de visão estratégica, os objetivos da Política de Comunicação podem ser definidos seguindo a orientação de criar e manter fluxos de comunicação, informação e influência recíproca entre a empresa e seus diversos públicos internos e externos, colaborando com o cumprimento de sua missão, objetivos e metas; com o crescimento e desenvolvimento profissional de todos os funcionários; e o progresso econômico e social da comunidade na qual está inserida e do país.

De acordo com a conceituação descrita, a política de comunicação não pode ficar restrita ao discurso, mas deve mostrar como a teoria será viabilizada, senão ficará fadada a se transformar, no máximo, em um belo cartaz para ser pendurado na parede.

Para que isso não ocorra, a empresa deve seguir algumas linhas de ações básicas nos âmbitos interno e externo:

Âmbito interno

É preciso criar e consolidar fluxos de comunicação que promovam a interação entre a direção da empresa e o seu corpo técnico, gerencial e funcional, estimulando a participação e favorecendo o desenvolvimento e a realização pessoal e profissional de todas as pessoas que por ela trabalham.

A empresa deve avaliar o que pode ser feito nesse sentido e traçar linhas de ação adequadas à sua realidade.

É necessário também conscientizar todos os funcionários que a imagem da empresa se forma basicamente a partir das posturas e comportamentos individuais de cada um. Nesse caso, ganha relevância a promoção de campanhas motivacionais para transmitir o conceito ideal de atitude a ser adotado pela empresa como padrão de conduta, comportamento e valores.

A interação com o público interno é vital para o processo de sustentabilidade institucional. É preciso convencer as pessoas de que o incentivo à comunicação faz parte, de fato, de uma política de transparência, que conta com o total engajamento da cúpula da empresa.

Âmbito externo

Consiste em fortalecer a interação com os clientes, a sociedade, a comunidade em torno da empresa e os governos municipais, estaduais e o governo federal através da divulgação sistemática e periódica das suas ações e resultados, por meio de: jornais, revistas, relatórios anuais, *folders*, site institucional etc. Essa é uma forma de tornar transparente, para os distintos públicos de interesse, a viabilização da missão institucional.

Outra forma de consolidar o contato com o público externo é através de ações voltadas para a responsabilidade social, como forma de colaborar efetivamente para a melhoria dos cenários de subdesenvolvimento e miséria do país.

É necessário também incentivar atitudes e comportamentos de funcionários voltados para questões de interesse público e social, promovendo ações de voluntariado e empreendedorismo, que favoreçam a geração de trabalho e renda.

O perfil institucional poderá ser fortificado também pela promoção, apoio e patrocínio de projetos culturais, educacionais e artísticos.

Tanto para o âmbito interno, como externo é vital contribuir para criar, ampliar e reforçar, junto aos diversos públicos de interesse da empresa, o conceito de competência institucional, voltada para a oferta de produtos e serviços com padrão de excelência e para o bem comum da nação. É preciso divulgar a marca da empresa, associada ao conceito de qualidade no atendimento às demandas dos seus clientes, do mercado e da sociedade.

PROCEDIMENTOS NA COMUNICAÇÃO

O corpo gerencial deve garantir e estimular a livre circulação de informações, de modo que todos os empregados estejam suficiente e permanentemente informados sobre o que ocorre na empresa, em seu local de trabalho, participando mais ativamente do processo de tomada de decisões, com o consequente enriquecimento da massa crítica interna.

O comportamento das lideranças da empresa (dirigentes, gerentes e coordenadores) é um dos pontos mais importantes para se viabilizar de fato uma política de comunicação. A direção da empresa e o seu corpo gerencial compõem o grupo formador de opinião, que irá determinar a cultura vigente na empresa, independente de manuais de procedimento, padrões de conduta e missões impressas em documentos e folhetos. O bom desenvolvimento de competências entre o público formador de opinião (unidade de pensamento e ação) determinará a verdadeira consolidação de uma cultura de comunicação e abertura para o diálogo. Esse público dirigente precisa transmitir segurança, firmeza e total engajamento aos princípios de transparência e valorização da política de comunicação.

Dirigentes e gerentes precisam demonstrar com atitudes e comportamento que realmente valorizam e estimulam a livre circulação de informações, ideias e opiniões. Durante as reuniões de trabalho, os gerentes e coordenadores de unidades devem procurar ouvir as opiniões, demonstrando levar em consideração as ideias mais sensatas e originais no processo de tomada de decisão.

Com o incentivo da comunicação interpessoal, que deve ser estimulada por meio de debates, consegue-se diminuir a tendência da geração de boatos, através do famoso "rádio corredor".

Os gerentes são responsáveis também pela conscientização dos empregados, cuidando para que eles internalizem a ideia de que a empresa é um reflexo do trabalho e do comportamento de cada um. É preciso mostrar que a imagem pública da empresa deriva basicamente da somatória das atitudes, comportamentos, ações e desempenhos profissionais e humanos.

Os gerentes devem fortalecer, assim, atitudes comunicacionais, como a de manter a qualidade e intensidade dos fluxos de comunicação em sua área de atuação, fazendo circular as informações transmitidas pela diretoria executiva. São itens importantes:

- Estimular a comunicação interpessoal por meio de debates e reuniões informais (conversas em horário de almoço, café, eventos extras).
- Favorecer a conscientização dos funcionários (por meio de publicações, como jornais, cartilhas, *folders*, cartazes).
- Promover, periodicamente, pesquisas e sondagens de opinião entre os subordinados (pesquisa de clima no trabalho/cultura e comportamento).

Por sua vez, os funcionários e colaboradores devem procurar se manter informados sobre os objetivos e a missão da empresa para, no dia a dia, trabalharem no sentido de concretizá-los, atuando como agentes de divulgação das realizações da organização.

As atitudes comunicacionais dos funcionários devem se basear nos seguintes pontos:

- Buscar qualidade no atendimento aos clientes internos e externos.
- Buscar interação com clientes externos. Dispor de informações sobre atuação, produtos e serviços da empresa.
- Conciliar o atendimento rápido ao atendimento eficaz, de modo a garantir a qualidade da informação.
- Desenvolver a capacidade de comunicação interpessoal com os clientes internos e externos (se as lideranças e chefias favorecem a comunicação e o franco diálogo no ambiente de trabalho, a tendência será o desenvolvimento natural das comunicações interpessoais).
- Pautar suas ações nos ambientes interno e externo pelo profissionalismo, pela cordialidade e pela defesa dos valores assumidos pela empresa, agindo em consonância com os princípios enfatizados pela cultura institucional (que deve privilegiar conceitos como: transparência, ética, agilidade, eficiência, credibilidade, profissionalismo e qualidade).

As ações estratégicas da Política de Comunicação devem garantir as seguintes metas:

- Conscientizar a opinião pública sobre a boa qualidade dos produtos da empresa ou instituição.
- Criar um ambiente interno motivador à produtividade.
- Fortalecer a credibilidade das informações veiculadas pela empresa;
- Obter noticiário favorável.
- Obter reconhecimento positivo e boa vontade junto aos diversos setores formadores de opinião pública.
- Abrir e manter canais de comunicação com a mídia.
- Favorecer a imagem pessoal e da gerência, que se tornam a personificação da empresa, cuja imagem pública mescla-se com a imagem de suas lideranças executivas.

DIMENSÃO ESTRATÉGICA

Em meados da década de 1990, uma grande empresa do setor de bebidas decidiu alçar a comunicação empresarial à dimensão estratégica, criando uma vice-presidência de assuntos corporativos e destacando para a sua liderança um conceituado profissional da área. A iniciativa foi um sucesso absoluto, forçando o vice-presidente de assuntos corporativos a realizar palestras em todo o país, apresentando os benefícios e vantagens do novo modelo adotado pela companhia.

Uma de suas primeiras iniciativas foi estruturar uma detalhada Política de Comunicação Empresarial que, após um período de sensibilização envolvendo todos os funcionários da companhia, foi condensada em um Manual Interno de Comunicação Social. A intenção, bem-sucedida, foi fortalecer a transparência e a objetividade na transmissão de informações para a sociedade, seus clientes e a mídia.

O documento, que refletia a cultura de comunicação, já consolidada entre os funcionários da companhia, tinha o principal objetivo de criar e manter um canal aberto com a mídia (televisão, rádio, jornal e revistas), para divulgar, por seu intermédio, novidades ou, simplesmente, prestar esclarecimentos ou complementar dados para reportagens e matérias que abordassem assuntos ligados aos seus produtos.

No Manual Interno de Comunicação Social era narrado o seguinte caso:

> Um ex-ministro da Justiça, que, se não cunhou a expressão "nada a declarar" foi com certeza o político que mais a usou em sua carreira, fazia de tudo para se esquivar de repórteres. Ao mesmo tempo e também em sua época, as décadas de 1960 e 1970, políticos considerados matreiros, como um ex-presidente da república, não perdiam uma única oportunidade para valorizar as próprias informações, por menos importantes que fossem. Muitas vezes, à falta de novidades, faziam blagues. Por isso, o ex-presidente sempre teve sobre si a luz dos refletores, mesmo quando se recolheu à vida particular, e o ex-ministro, após deixar o cargo, praticamente desapareceu da cena política. Afinal, ele nunca tinha mesmo nada a declarar...

Moral da história: *comunicação é a alma do negócio.*

Há um provérbio milenar chinês que diz: "se não mostrares o que és, permitirás que pensem o que não és". Para fixar com exatidão a imagem de uma empresa ou instituição, é necessário adequá-la aos novos tempos, caracterizados por uma sociedade cada vez mais crítica e engajada. Sabe-se que o risco de omissão é sempre mais grave que o representado pela informação pública ou pela defesa de seus pontos de vista.

A comunicação passou a fazer parte do próprio negócio, agregando valores a produtos e serviços. A empresa moderna necessita estar presente junto a seus públicos, seja para divulgar o que produz, seja para fortalecer sua imagem e firmar sua marca no mercado. A vantagem competitiva de uma empresa está, atualmente, diretamente relacionada à estratégia de comunicação com os seus públicos.

EXERCÍCIOS

1. Dentro de uma política de comunicação empresarial, o que poderia ser realizado na empresa onde você trabalha, ou na instituição em que estuda, para melhorar o fluxo de informações internas e externas?

2. Com relação à imagem institucional, como você percebe e avalia o conceito da empresa para a qual trabalha ou na instituição na qual estuda? Qual a imagem que ela transmite para o seu público externo? O que poderia ser feito para melhorá-la?

3. Para refletir e avaliar:

> **Caso 3 – Para apagar incêndio**
>
> **Situação:** o diretor de RH de uma empresa de médio porte – cerca de 180 funcionários – contrata um profissional de comunicação empresarial para a elaboração de um jornal direcionado aos funcionários com o objetivo específico de contornar conflitos sindicais e trabalhistas. A justificativa dele era que em 2 meses iria ocorrer o dissídio (discussão sobre o aumento de salários) e a empresa estava muito preocupada que pudessem ocorrer greves ou paralisações do trabalho entre os funcionários. Por essa única e exclusiva razão, o diretor pedia a criação de "um jornalzinho para os funcionários que apague o incêndio e acalme os ânimos dos trabalhadores".
>
> **Questão:** levando-se em consideração a visão distorcida do diretor de RH da empresa, que identifica o jornal interno com a função de "apagar incêndio", faça a sua avaliação do caso, destacando os pontos básicos para a elaboração de uma Política de Comunicação.

4. Reflexão:

COMUNICAÇÃO
Fábula de Francisco Gomes de Matos

O homem está lá, desafiado pela grande porta.

Com alguma dificuldade, descobre a fechadura e se percebe com a chave à mão.

Tenta, tenta, combinando as partes, e aos poucos a trave vai cedendo, a fechadura funciona e a porta se abre.

Dentro há inúmeras portas, cada qual com uma fechadura diferente. Todas devem ser abertas, mas só há uma única chave. É preciso ajustá-la às fechaduras. Para tanto o homem necessita usar sua maleta de ferramentas. Lapida aqui, acrescenta ali, endireita acolá até que a resistência se dobre e a chave libere a porta.

Em cada porta que se abre, o fenômeno se repete: várias outras portas interpõem-se ao caminhante, em um permanente desafio.

Muitas vezes, a fechadura emperra, a chave não é adequada, as ferramentas não ajudam, o ambiente é sufocante e o homem desespera. A vontade é acomodar-se, mas não há outra alternativa inteligente; é vital prosseguir tentando.

Esse é o destino humano: abrir portas, conquistar ambientes, transpondo fechaduras com uma única e frágil chave, até a porta final, que se escancara ao infinito.

A comunicação é a chave única, adaptável às fechaduras, para abrir todas as portas. Se o agente emissor não se ajustar às peculiaridades dos receptores, a porta permanece fechada. Os problemas organizacionais têm origem na má comunicação, que gera os relacionamentos críticos. Preservar a chave, habilitando-se os necessários ajustamentos às fechaduras é o segredo para a convivência harmoniosa e para a sinergia no trabalho.

Fonte: *Visão & parábolas: compreendendo a cultura das organizações,* de Francisco Gomes de Matos. Rio de Janeiro: Campus, 2004.

Questão: considere o texto em relação às situações que ocorrem nas organizações. Procure sintetizar os pontos importantes para uma comunicação eficaz e os principais entraves e distorções por deficiências de liderança e falta de estratégia.

7 MODELO ESTRATÉGICO DE COMUNICAÇÃO SEM COMPLICAÇÃO

Ao pesquisar a cultura de grandes e pequenas organizações, há mais de 20 anos, identificamos como causas imediatas de fracasso dois fatores, pouco conscientizados, que, numa análise mais profunda, resultam de um sistema de liderança desintegrado:

- Comunicações deficientes.
- Relacionamentos conflituosos.

As comunicações falham não só como sistema (falta de unidade informacional, fluxo assistemático, falta de *feedback*), como também na linha tecnológica (canais deficientes de informações), mas, principalmente, humana (reuniões assistemáticas, informais e mal lideradas).

O problema das comunicações precárias vai se refletir seguramente em dificuldades no relacionamento humano. Uma má comunicação, pela insegurança que gera e pela sensação de perda de controle, estimula os estilos de gestão centralizadora e autoritária. O clima decorrente fomenta relações conflituosas e tende a transformar a competitividade em disputas predatórias.

A comunicação empresarial é um instrumento básico de cultura (reforçando os valores corporativos e a missão) e de estratégia (reforçando a unidade de pensamento e de ação). A comunicação interna e a comunicação externa integram-se na formação da imagem institucional, que é a força que mantém a empresa viva e em condições de se perpetuar.

FUNDAMENTAÇÃO BÁSICA

O princípio operacional básico do *Modelo comunicação sem complicação* é o atendimento personalizado às necessidades do cliente, no que se relaciona à melhoria dos processos de comunicação e relacionamento profissional e humano, visando à melhoria do clima organizacional, integração e produtividade no trabalho. São duas as metas fundamentais: elaboração de estratégia unificada de comunicação interna e desenvolvimento da cultura do diálogo nos diversos níveis funcionais.

FASE DIAGNÓSTICA

a) Análise
- Como se processa a informação na empresa?
- O que funciona como canal de comunicação (emissor/receptor/*feedback*) ?
- O que funciona precariamente e deve ser melhorado?
- O que falta? O que deve ser introduzido?
- Como se configura a cultura da comunicação (estado de conscientização)?

b) Instrumentos de análise
- Entrevistas individuais, com amostra significativa (níveis gerenciais e operacionais).
- Entrevistas coletivas com segmentos estratégicos (diretoria, alta gerência e áreas relevantes, tais como: produção, vendas, logística, comunicação, marketing etc.).
- Seminário de validação dos resultados da análise (grupo dirigente).
- Fórum com todos os entrevistados para apresentação e discussão dos resultados.
- Pesquisa de cultura e clima – 10 meses após – para reforço do diagnóstico e avaliação de melhorias.

FASE ESTRATÉGICA

- Plano estratégico de comunicação.
- Estabelecimento das prioridades estratégicas (responsabilidade da direção).
- Criação de comitê de comunicação interna, ética e cidadania – espaço de reflexão para gerar ideias, avaliar a qualidade das comunicações e fluxo de informações na empresa e para sugerir melhorias e ações cidadãs (responsabilidade social e voluntariado).

FASE OPERACIONAL

- *Pensar e agir (rede virtual de reflexão e diálogo)*: textos para leitura acompanhados de exercícios práticos ligados à comunicação e relacionamento.
- *Diálogo e ações*: reuniões temáticas para discussão e debate de temas relacionados ao cotidiano de trabalho, como: comunicação, integração, motivação, trabalho em equipe, negociação, processo decisório, resistência à mudança etc. As conclusões são encaminhadas como propostas às instâncias decisórias superiores.
- *Agir (agentes geradores de integração e renovação)*: reuniões rápidas (20 minutos), de periodicidade semanal, realizadas por equipes de trabalho, com o objetivo de favorecer o hábito do diálogo e relacionamento humano, por meio da leitura de breves textos reflexivos e do compartilhamento de ideias, sentimentos e opiniões.
- *Lançamento e manutenção de produtos de comunicação que favoreçam a consolidação do ambiente de diálogo e conversação na empresa*: jornal mural, intranet, jornal dos funcionários.

COMUNICAÇÃO SEM COMPLICAÇÃO

Reforçando objetivos

Conscientizar os funcionários para a importância de se desenvolver a comunicação sem complicação, como fonte para a resolução de problemas nos planos pessoais e profissionais.

A comunicação sem complicação contribuirá para:

- Favorecer a integração e a coesão por objetivos comuns.
- Superar crises pela via do entendimento e engajamento coletivo.
- Facilitar a consolidação de um bom ambiente de trabalho.
- Estimular atitudes profissionais de melhoria contínua.
- Informar os funcionários sobre políticas, metas e práticas da empresa.
- Incentivar atitudes e comportamentos de cooperação.
- Promover a convivência criativa da diversidade.
- Favorecer a geração de ideias e a busca de soluções.

Resultados:

- Excelência da comunicação interna e externa.
- Ambiente de compartilhamento de ideias.
- Maior integração entre pessoas, grupos e áreas de trabalho.
- Melhoria da qualidade dos processos, projetos, procedimentos, serviços e produtos.
- Maior motivação, engajamento e comprometimento dos colaboradores por resultados.
- Consolidação da vantagem competitiva.
- Superação das distorções habituais na comunicação, que induzem ao mau relacionamento no trabalho.
- Diagnóstico organizacional: entrevistas personalizadas, entrevistas grupais e pesquisa de clima para desenvolver a visão diagnóstica e estratégica.

PENSAR PARA DESCOMPLICAR E AGIR 8

Frases para reflexão individual, ou discussão em grupos, que reforçam o conteúdo e favorecem a assimilação dos conceitos abordados no livro.

1. Atitude é um pequeno detalhe que faz uma grande diferença.

2. Quem não se comunica se complica.

3. O mais importante na comunicação é saber ouvir.

4. Saber ouvir é assimilar o que é dito pelo silêncio de um olhar.

5. Coloque-se na "berlinda", para que o grupo indique os seus pontos fortes e fracos na comunicação.

6. Tenho interesse pela sua opinião e visão de mundo.

7. Fale o que pensas e eu lhe direi o que sinto.

8. Conversando a gente se entende.

9. O corpo fala com a voz do sentimento.

10. É preciso clareza para transformar o que sinto e penso em palavras.

11. Não se irrite com opiniões contrárias às suas.

12. Diga "bom-dia", "obrigado", "por favor" com sinceridade e simpatia.

13. A ira pode se acabar com um sincero pedido de desculpas.

14. Escreva uma mensagem elogiosa para seu colega de trabalho.

15. Mesmo quando estou calado posso dizer o que penso e sinto.

16. Sou uma pessoa aberta ao diálogo?

17. Só conseguimos compreender pontos de vista diferentes dos nossos se não nos sentimos donos da verdade.

18. Deixe que os outros expressem suas opiniões sem interrompê-los.

19. Com espontaneidade comunicamos melhor o que queremos dizer.

20. Com a televisão ligada fico a escutar o que você fala, sem ouvir o que você diz.

21. O aperto de mãos de um encontro pessoal é mais expressivo do que o abraço virtual enviado por *e-mail*.

22. Comunicar-se é algo tão natural como respirar, comer, beber, rir ou chorar.

23. Queiramos ou não, estamos o tempo todo comunicando algo a alguém.

24. Quem muito fala, pouco escuta e muito menos entende.

25. Estou com a cabeça cheia de discursos vazios.

26. Mensagem sem retorno não é comunicação. É transmissão de dados.

27. No relacionamento humano, de nada serve o telefone se estamos sem linha para a comunicação.

28. A comunicação depende de retorno para se realizar plenamente.

29. Nossos braços devem se abrir na amplitude de um abraço.

30. Quero compreender o que você me diz e ser compreendido naquilo que lhe comunico.

31. Pergunte a si mesmo e responda: sou uma pessoa simpática e verdadeira com meus interlocutores?

32. Saber ouvir é assimilar o que é dito por palavras, olhares, atitudes, gestos ou silêncio.

33. O diálogo é fundamental para a concretização de um ambiente de entendimento, integração, cooperação, engajamento e motivação no trabalho.

34. Precisamos ser claros, objetivos e concisos naquilo que falamos, para buscar, ao máximo, a fidelidade aos fatos relatados e às informações apuradas.

35. Esteja atento ao que é dito pelo silêncio. Leia as "entrelinhas", pois nem sempre o principal da mensagem é dito pelas palavras.

36. Não se exalte ou se irrite se as ideias dos outros forem contrárias às suas convicções.

37. Aprenda a respeitar opiniões contrárias às suas, desenvolvendo a flexibilidade para mudanças de ideias e desenvolvimento de novos pontos de vista.

38. Você permite que o outro se expresse sem interrompê-lo?

39. Com naturalidade e espontaneidade, conseguimos expressar melhor aquilo que pensamos e sentimos.

40. A origem dos problemas humanos, sociais e organizacionais está basicamente relacionada às falhas e aos erros no processo de comunicação humana.

41. Processo tão natural como respirar, comer, beber água, rir, chorar ou caminhar, a comunicação é a força que movimenta a vida das pessoas, das empresas e das sociedades.

42. Queiramos ou não, estamos o tempo todo comunicando algo a alguém. Mesmo que não queiramos nos comunicar, estaremos de alguma forma transmitindo e recebendo informações, através das nossas atitudes e comportamentos.

43. Uma das principais causas de insucesso nas organizações é a falta de *feedback*, que torna as comunicações deficientes e geradoras de conflitos e improdutividade.

44. Antes de ser instrumental, a comunicação é essencialmente humana e extremamente humanizadora.

45. De nada servem veículos e canais oficiais de comunicação interna, como intranet e jornal dos funcionários, se não houver efetivamente na empresa a disposição das suas lideranças para o diálogo e a troca de ideias.

46. Em sua essência, a comunicação necessita de resposta para se realizar, pois a mensagem sem retorno (*feedback*) não é comunicação, é apenas um comunicado, pura transmissão de dados.

47. A comunicação tem o poder de disseminar a paz como também o de impor o medo. A comunicação tanto pode construir como destruir. Por isso, comunicação tem estreita relação com ética e responsabilidade social.

48. Empresa socialmente responsável é a que vai além das obrigações legais e estatutárias. É a empresa aberta à comunicação, ao diálogo e à busca de soluções para os problemas que afetam toda a sociedade.

49. O mundo contemporâneo exige cada vez mais a adoção de padrões de conduta ética que valorizem o ser humano e o meio ambiente.

50. Costuma-se falar que vivemos na era das comunicações. Porém, diante dos diversos problemas empresariais e sociais ligados à incomunicabilidade o mais correto seria dizer que vivemos na era dos instrumentos de comunicação.

51. O problema da falta de comunicação e da solidão humana não é instrumental, mas, essencialmente, comportamental. O relacionamento humano depende apenas de atitudes voltadas para a solidariedade e a cooperação.

52. A comunicação virtual da internet e intranet não tem a mesma força que o diálogo real do contato direto pessoa a pessoa.

53. Não são computadores e celulares que favorecerão a melhora da comunicação na sociedade e nas empresas, e sim o incentivo à consolidação dos valores humanos.

54. A comunicação é humanizadora, principalmente quando valorizada na dimensão pessoa a pessoa, face a face, olho no olho.

55. A comunicação deve caracterizar-se pelo respeito à diversidade humana, pela eliminação do preconceito de qualquer ordem e pela consolidação de um ambiente favorável ao compartilhamento de informações e conhecimentos.

56. A comunicação empresarial deve pautar-se pelo compromisso ético de construir canais de diálogo e pelo exercício pleno da responsabilidade social e ambiental da empresa.

57. As empresas que melhor se espelham na ética são aquelas que se comunicam e promovem a comunicação interna e externa como uma extensão dos seus princípios e valores.

58. Ser uma empresa cidadã significa desenvolver a ética da comunicação plena e integral, que não se limita aos personagens diretamente envolvidos nos seus negócios (comunicação interna), mas com a sociedade como um todo (comunicação externa).

59. Precisamos refletir sobre a relação de causa e efeito dos fatos que acontecem em nosso bairro, cidade, país e planeta.

60. Chega a ser raro encontrarmos um ambiente de verdadeiro diálogo nas empresas, nas famílias, nos colégios e nas universidades. É um verdadeiro contrassenso: falta comunicação na Era da Informação e do Conhecimento.

61. A dificuldade de se encontrar solução para os problemas ligados à falta de comunicação está exatamente na falta de uma educação norteada pela cultura do diálogo, pelo ato de refletir em grupo e pensar com espírito de compartilhamento.

62. Ao contar um acontecimento ou explicar uma situação, você é claro e paciente para responder as dúvidas que possam surgir?

63. Precisamos respeitar as diversidades culturais e ideológicas de cada pessoa ou grupo, para consolidar um ambiente de convivência das diferenças, princípio básico da democracia.

64. Somos diariamente bombardeados por notícias diversas. Porém, nossa capacidade de absorver essa fenomenal quantidade de informação e transformá-la em conhecimento é muito reduzida, devido à falta do hábito de pensar criticamente.

65. De um modo geral, pessoas e empresas se ocupam mais em "falar", em determinar seus conceitos e pré-conceitos, expressar suas opiniões e ditar regras, do que ouvir seu interlocutor ou estabelecer uma dinâmica de diálogo e relacionamento humano.

66. Todos nós temos um grau de dispersão, muito normal de acontecer no ambiente de apelos intensos e constantes da modernidade. Porém, essa desatenção precisa ser administrada para não descambar para a indiferença, a desconsideração, o desdém ou o desprezo.

67. Ouvir é uma qualidade essencial para aperfeiçoar qualquer tipo de relacionamento.

68. Saber ouvir exige quase sempre esforço reeducativo, pois somos muito mais condicionados a falar e só ouvir o que julgamos ser do nosso interesse.

69. Embora ouvir exija tempo, a opção de não ouvir irá significar irremediavelmente maiores desgastes, pelos problemas que acarretará, mais cedo ou mais tarde.

70. Comunicação é relacionamento humano, é interação de sentimentos e opiniões, é a disposição para ouvir e se fazer ouvir.

71. Pergunta para resposta coletiva: ao rememorar um acontecimento qualquer, você se preocupa em indicar e registrar os fatos mais importantes?

72. Na área profissional, são mais bem-sucedidos aqueles que escutam suas vocações, pois se entregam à superação dos desafios com entusiasmo e obstinação, conquistando, assim, fontes inesgotáveis de trabalho e renda.

73. No campo empresarial, os empreendimentos de maior sucesso são sempre aqueles que ouvem seus clientes e buscam atender as reais demandas do mercado.

74. A falta de diálogo predispõe posturas arrogantes e condutas agressivas que, na verdade, expressam uma tremenda necessidade de autoafirmação e inabilidade para o relacionamento.

75. Pessoas e empresas ensimesmadas não conseguem perceber a riqueza de soluções que se encontram nos outros e que podem ser descobertas através da abertura para o diálogo.

76. Você procura ser claro e objetivo em suas explicações e argumentações?

77. Grandes oportunidades e novos negócios surgem da simples dinâmica de comunicação e de relacionamento humano.

78. É importante atentarmos para o maior obstáculo da eficácia na comunicação: a falta de retorno para quem transmite a mensagem. Sem *feedback*, não há realimentação do processo de comunicação.

79. O diálogo no ambiente de trabalho é tão importante para a produtividade e competitividade da empresa como também para a realização e felicidade das pessoas que para ela trabalham.

80. As pessoas que se fecham para si mesmas são incapazes de pensar e refletir sobre seus valores, atitudes, comportamentos e atos. Essa falta de diálogo interior predispõe posturas arrogantes e condutas agressivas que, na verdade, expressam uma tremenda necessidade de autoafirmação.

81. O ser humano é educável. Já está provado cientificamente que, independentemente das faixas etárias, toda pessoa tem condições de evoluir, tanto no plano intelectual como no comportamental, se for devidamente sensibilizada e conscientizada para isso.

82. O maior educador do mundo chama-se exemplo. É por meio de ações práticas e efetivas que transmitimos valores e comportamentos. Não adianta definir "como deve ser feito" se não agirmos de forma coerente com o que pregamos.

83. No que diz respeito à comunicação, a melhor maneira de educar é por meio de dinâmicas de grupo nas quais se estimule o relacionamento, a troca de opiniões, o intercâmbio de ideias e a convivência das diversidades.

84. Dois fatores, pouco conscientizados, são causas de fracassos empresariais: as comunicações deficientes e os relacionamentos conflituosos.

85. Chega a ser raro encontrarmos um ambiente de verdadeiro diálogo nas famílias, colégios e universidades, ou seja, a dificuldade de solução para os problemas ligados à comunicação está exatamente na falta de uma educação voltada à cultura do diálogo.

86. A objetividade da civilização humana é constituída pela subjetividade de cada ser humano.

87. A comunicação é um ato que precisa envolver compreensão mútua entre emissor e receptor.

88. Sem *feedback* e contato humano a comunicação é sempre precária e ineficaz.

89. Não somos máquinas ou robôs que aceitam todas as mensagens recebidas como sinais de comando, a serem obedecidos sem questionamento.

90. A comunicação humana é um processo dinâmico e interativo.

91. Dialogar é uma arte que implica saber ouvir, saber aceitar o diferente, saber respeitar o discordante.

92. O objetivo da comunicação é criar, manter e desenvolver conexões e relacionamentos.

93. A percepção é extremamente poderosa. Para se comunicar melhor, você deve levar em consideração como os outros recebem a sua mensagem.

94. "Se não mostrares o que és, permitirás que pensem o que não és", Provérbio chinês.

95. Ao falar ou escrever, você manda uma mensagem e o outro a recebe e processa por meio de suas próprias referências, gerando diferentes percepções, que geram impressões e reações diferentes.

96. A convivência das diferenças, a coexistência produtiva, a interação das diversidades e a convivência criativa passam pela caminho da comunicação, do diálogo e do relacionamento humano.

97. Para nos comunicar com clareza e eficiência, devemos entender que somos todos diferentes na maneira como percebemos o mundo e devemos usar esse entendimento como um guia para nossa comunicação com os outros.

98. É essencial que todos tenham atitudes de comunicação positivas que estimulem a interação, o relacionamento, o compartilhamento de informações, ideias e sentimentos.

99. Tenha interesse pela opinião dos outros.

100. Não considere a sua opinião verdade absoluta e inquestionável.

101. Evite, logo às primeiras frases do interlocutor, já pensar no que irá responder.

102. Tenha flexibilidade para rever conceitos e refletir sobre opiniões contrárias às suas.

103. Desenvolva a capacidade de colocar-se no lugar do seu interlocutor, para compreender os pontos de vista, sentimentos e ideias dele.

104. Evite gestos e posturas corporais que transmitem bloqueio e indiferença para quem fala (braços cruzados, bocejos, olhar repetidas vezes para o relógio, sentar-se de forma desleixada, olhar distraído etc.).

105. Por que será que fazemos da comunicação algo tão complicado?

106. Você consegue manter uma conversação polêmica sem enveredar para o bate-boca?

107. Escutar ativamente é manter uma expressão corporal que transmita atenção: vire-se frontalmente para a pessoa que está falando com você e mantenha seu olhar atento.

108. Escutar ativamente é admitir dificuldades de compreensão e fazer perguntas que esclareçam suas dúvidas.

109. A comunicação nunca foi tão rápida e fácil. Temos celulares, *pagers*, correio de voz, *e-mail*, *blogs*... Com toda essa tecnologia, podemos nos comunicar com praticamente qualquer pessoa, em qualquer lugar e a qualquer hora. Porém, fica uma pergunta: estamos nos comunicando melhor?

110. O *feedback* eficaz é aquele que ajuda pessoas ou grupos a melhorarem seus desempenhos e, assim, alcançar seus objetivos e metas.

111. Sem *feedback* é predominante a tendência das pessoas distorcerem o teor da mensagem recebida a favor da sua conveniência.

112. Procure conhecer qual o perfil do seu público e busque adequar suas palavras e argumentações ao contexto cultural e cognitivo dos interlocutores.

113. Antes de transmitir alguma informação ou iniciar uma conversação, procure adequar suas palavras ao perfil do interlocutor.

114. Procure perceber se a sua intenção na comunicação foi correspondida. Sempre verifique se você foi entendido, faça perguntas, incentive o comentário sobre o que foi comentado.

115. Ao receber críticas, procure extrair os aspectos positivos e construtivos. Posteriormente, analise e estabeleça procedimentos de ajuste e correções. Não demonstre desânimo ou desagrado, mas satisfação por receber um retorno.

116. Sentimentos são frequentemente mais importantes que as próprias palavras. Devemos procurar entender os sentimentos inseridos nas mensagens. Eles são frequentemente a mensagem real.

117. Sinais que expressam o interesse de uma pessoa por outra: dilatação involuntária das pupilas; corpo inclinado em direção a pessoa; olhar por mais de três segundos; sorrir demoradamente; jogar a cabeça para trás, geralmente quando sorri.

118. Sinais de que a pessoa pode estar mentindo: esconder a boca com a mão; coçar o nariz; passar os dedos no pescoço; esfregar a orelha; desviar o olhar da pessoa com quem fala; piscar os olhos rapidamente e com frequência exagerada; mudança no tom de voz.

119. Pessoas com pontos de vista diferentes podem trabalhar integradas e unidas por objetivos comuns.

120. Conversamos com nós mesmos, seja para definir e analisar sentimentos, emoções e comportamentos, seja para avaliar e julgar situações, pessoas e acontecimentos. Precisamos valorizar esses momentos para reflexão introspectiva na busca de autoconhecimento e amadurecimento emocional.

BIBLIOGRAFIA

ANDRADE, Carlos Drummond de. *Nova reunião: 19 livros de poesia*. Rio de Janeiro: José Olympio, 1983.

ARANHA, Maria Lúcia de Arruda; MARTINS, Maria Helena Pires. *Filosofando: introdução à filosofia*. São Paulo: Moderna, 1989.

ARAÚJO FILHO, Geraldo Ferreira de. *Empreendedorismo criativo*. Rio de Janeiro: Ciência Moderna, 2007.

BAHIA, Juarez. *Comunicação empresarial*. Rio de janeiro: Mauad, 1995.

BARTHES, Roland. *Elementos de semiologia*. 15.ed. São Paulo: Cultrix,1992.

BERLO, David. *O processo da comunicação*. São Paulo: Martins Fontes, 1999.

BETTO, Frei; BARBA, Augênio; COSTA, Jurandir Freire. *Ética*. Rio de janeiro: Garamond, 1997.

BLAND, Michael; JACKSON, Peter. *A comunicação na empresa*. Lisboa: Presença, 1992.

BLECHER, Nelson; MARTINS, J.R. *O império das marcas*. São Paulo: Marcos Cobra, 1996.

BOFF, Leonardo. *Ethos mundial*. Brasília: Letraviva, 2000a.

_____. *Tempo de transcendência*: o ser humano como um projeto infinito. 2.ed. Rio de Janeiro: Sextante, 2000b.

_____. *Crise: oportunidade de crescimento*. Campinas: Verus, 2002.

BORDENAVE, Juan Diaz Bordenave. *Além dos meios e mensagens*. Petrópolis: Vozes, 1986.

BRASIL. Constituição da República Federativa do Brasil. São Paulo: Saraiva, 2008.

BRUM, Analisa de Medeiros. *Endomarketing*. Porto Alegre: Ortiz, 1994.

_____. *Endomarketing como estratégia de gestão*. Porto Alegre: L&PM, 1998.

BUBER, Martin. *Do diálogo e do dialógico*. São Paulo: Perspectiva, 1982.

BUENO, Wilson da Costa. *Comunicação empresarial: teoria e pesquisa*. São Paulo: Manole, 2003.

BURTON, Graem; DIMBLEBY, Richard. *Mais do que palavras*. 2.ed. São Paulo: Summus, 1990.

CANCLINI, Néstor Garcia. *Cultura y comunicación: entre lo global y lo local*. Argentina/La Plata: Universidad Nacional de la Plata, 1997.

CHAPELL, R.T.; READ, W.L. *Comunicação interna na empresa moderna*. Rio de Janeiro: Forum, 1973.

CHIAVENATO, Idalberto. *Gestão de pessoas*. 4.ed. Barueri: Manole, 2014.

_____. *Administração nos novos tempos*. 3.ed. Barueri: Manole, 2014.

_____. *Teoria geral da administração*. Rio de Janeiro: Campus, 2001.

_____. *Comportamento organizacional: a dinâmica do sucesso nas organizações*. 2.ed. Rio de Janeiro: Campus/Elsevier, 2005.

CLEMEM, Paulo. *Como implantar uma área de comunicação interna*. Rio de Janeiro: Mauad, 2005.

CORRADO, Frank. *Communicating with employees: improving organizational communication*. Menlo Park: Crisp Publications, 1994.

COTRIM, Gilberto. *Fundamentos da filosofia: ser, saber e fazer*. 14.ed. São Paulo: Saraiva, 1999.

CROTEAU, David; HOYNES, William. *Media/society: industries, images, and audiences*. Thousand Oaks: Pine Forge Press, 1997.

D'AZEVEDO, Marcelo Casado. *Cibernética e cultura*. Porto Alegre: Sulina, 1978.

DANIELS, Todd. *Perspectives on organizational communication*. 4.ed. McGraw-Hill, 1996.

DIZARD JR., Wilson. *A nova mídia*. Rio de Janeiro: Jorge Zahar, 1998.

DOTY, Dorothy I. *Divulgação jornalistica & relações públicas*. São Paulo: Cultura Editores Associados, 1995.

DOWLING, Grahame R. *Corporate reputations: strategies for developing the corporate brand*. Londres: Kogan Page, 1994.

DRUCKER, Peter. *O melhor de Peter Drucker*. São Paulo: Exame/Nobel, 2001.

ERBOLATO, Mário. *Técnicas de codificação no jornalismo*. 5.ed. São Paulo: Ática, 1991.

ROGERS EM, AGARWALA-ROGERS R. *Communication in organization*. New York:The Free Press; 1978.

FERREIRA, Aurélio Buarque de Holanda. *Novo Aurélio Século XXI*: o dicionário da língua portuguesa. 3.ed. Rio de Janeiro: Nova Fronteira, 1999.

FRANCO, Carlos Alberto Di. *Jornalismo, ética e qualidade*. Petrópolis: Vozes, 1995.

FREIRE, Paulo. *Pedagogia do oprimido*. Rio de Janeiro: Paz e Terra, 1974.

GIANGRANDE, Vera. *Saber ouvir, o segredo da comunicação*. Disponível em: http://www.portal-rp.com.br/bibliotecavirtual/relacoespublicas/empresasecases/0093.htm.

GIANGRANDE, Vera; FIGUEIREDO, José Carlos. *O cliente tem mais do que razão*. São Paulo: Gente, 1997.

GOETHE, J.W. *Os sofrimentos do jovem Werther*. São Paulo: Martins Fontes, 1998, p.63.

GOLDENBERG, Mirian de. *A arte de pesquisar*. Rio de Janeiro, Record, 2003.

GOODMAN, Michael. *Corporate communication for executives*. Albany: State University of New York Press, 1998.

HUNTER, James C. *O monge e o executivo: uma história sobre a essência da liderança*. Rio de Janeiro: Sextante, 2005.

KITCHEN, Philip J.; SCHULTZ, Don E. *Raising the corporate umbrella*: corporate communications in the 21st century. Nova York: Palgrave, 2001.

KOVACIC, Branislav. *New approaches to organizacional communication*. Nova York: Suny Press, 1994.

KOZMINSKI, Andrzej K. *Organizational communication and management*. Nova York: Suny Press, 1993.

LESLY, Philip. *Os fundamentos de relações públicas e da comunicação*. São Paulo: Pioneira, 1995.

LÉVI-STRAUSS, Claude. *Tristes trópicos*. São Paulo: Anhembi, 1957.

LIPOVETSKY, Gilles. *A era do vazio: ensaios sobre o individualismo contemporâneo*. Barueri: Manole; 2005.

LOPES, Boanerges. *O que é assessoria de imprensa*. São Paulo: Brasiliense, 1994.

_____. *Comunicação empresarial: transformações e tendências*. Rio de Janeiro: Mauad X, 2010.

_____. *O público que se dane*. Rio de Janeiro: Mauad, 1995.

_____. (Org.). *Gestão em comunicação empresarial: teoria e técnica*. Juiz de Fora: Núcleo de Estudos e Pesquisas em Comunicação Empresarial, Produtora de Multimeios da Universidade Federal de Juiz de Fora (UFJF), 2007.

LOPES, Boanerges; VIEIRA, Roberto Fonseca. *Jornalismo e relações públicas: ação e reação, uma perspectiva conciliatória possível*. Rio de Janeiro: Mauad, 2004.

MACÊDO, Ivanildo Izaias de et al. *Aspectos comportamentais da gestão de pessoas*.

MALDONADO, Maria Tereza; GARNER, Alan. *A arte da conversa e do convívio*. São Paulo: Saraiva, 1999.

MATOS, Francisco Gomes de. *Empresa feliz*. São Paulo: Makron Books, 1996a.

_____. *Empresa que pensa*. 2.ed. São Paulo: Makron Books, 1996b.

_____. *Estratégia de empresa*. São Paulo: Makron Books, 1996c.

_____. *Visão & parábolas* – compreendendo a cultura das organizações. Rio de Janeiro: Campus, 2004.

_____. *Estratégia de renovação*. São Paulo: IOB Thomson, 2006.

_____. *Ética na gestão empresarial*. São Paulo: Saraiva, 2008.

MATOS, Gustavo Gomes de. *A cultura do diálogo*. Rio de Janeiro: Campus/Elsevier, 2006.

MATOS, Maria Lucia Guimarães Gomes de. *Conversando com o formador*. Rio de Janeiro: E-papers, 2000.

MATOS, Maria Lucia Guimarães Gomes de; DESSANDRE, Suely. *Encontros imprevisíveis*. Rio de Janeiro: E-papers/Frutos, 2013.

MATTERLART, Armand. *La mundialización de la comunicacíon*. Barcelona: Paidós, 1998.

MAY, Rollo. *A cortagem de criar*. 2.ed. Rio de janeiro: Nova Fronteira, 1982.

NASSAR, Paulo (Org.). *Comunicação interna:* a força das empresas. v.1. São Paulo: Aberje, 2003.

NASSAR. Paulo; GOMES, Nelson. *A comunicação da pequena empresa*. São Paulo: Globo, 1999.

NASSAR, Paulo; FIGUEIREDO, Rubens. *O que é comunicação empresarial*. São Paulo: Brasiliense, 2000.

NEVES, Roberto de castro. *Imagem empresarial*. Rio de janeiro: Mauad, 1998.

NICOTERA, Anne Maydan. *Conflict and organizations. Communicative process*. Albany: State University of New York Press, 1995.

NIRENBERG, Jesse. *A psicologia da comunicação*. São Paulo: Ibrasa, 1981.

OXNER, William; CHARLAB, Sérgio. *A revolução da informação*: artigos publicados no Jornal do Brasil. Rio de Janeiro: SENAI/DN, 1995.

PESSOA, Fernando. *O eu profundo e os outros eus*. 10.ed. Rio de janeiro: Nova Fronteira, 1980.

PIGNATARI, Décio. *Informação, linguagem, comunicação*. São Paulo: Cultrix, 1984.

POLITO, Reinaldo. *Um jeito bom de falar bem*. 2.ed. São Paulo: Saraiva, 2001.

PUCHEU, Alberto. *Poesia (e) filosofia*. Rio de janeiro: Sette Letras, 1998.

QUINTANA, Mário. *Caderno H*. 5.ed. São Paulo: Globo, 1989.

RABAÇA, Carlos Alberto; BARBOSA, Gustavo. *Dicionáro de comunicação*. São Paulo: Ática, 1987.

REGO, Francisco Gaudêncio Torquato. *Comunicação empresarial/comunicação institucional.* São Paulo: Summus, 1987a.

_____. *Jornalismo empresarial.* 2.ed. São Paulo: Summus, 1987b.

ROSA, Guimarães. *Tutaméia.* 4.ed. Rio de Janeiro: José Olympio, 1976.

SCHUTZ, Will. *Profunda simplicidade.* São Paulo: Agora, 1989.

TADEU, Felipe. *Certos insetos/Insekten.* Alemanha: Edition Roter Stein, 1994.

VELHO, Gilberto; KUSCHNIR, Karina. *Mediação, cultura e política.* Rio de Janeiro: Aeroplano, 2001.

VIANA, Francisco. *Comunicação empresarial de A a Z:* temas úteis para o cotidiano. São Paulo: CLA. 2004.

WEIL, Pierre; TOMPAKOW, Roland. *O corpo fala.* 59.ed. Petrópolis: Vozes, 2005.

Índice Remissivo

A
Abismos 46
Acesso à informação 126
Ações integradas 128
Administração 131
  e comunicação 131
Aldeia global 20
Alheio 66
Ambiente físico 67
Âmbito externo 176
Âmbito interno 175
Arrogância 68
Arte de saber ouvir 62
Assuntos desagradáveis 68
Atitudes 75

B
Base das relações humanas e sociais 4

C
Canais de comunicação na empresa 112
Canal (meios de comunicação) 28
Carl Gustav Yung 17
Carl Jung 58
Categorias de comunicação 2
Charles Cooley 4
Claude Lévi-Strauss 32
Cliente 100, 101
Clima organizacional 151, 156
Codificação 28
Código 28
Código de Defesa do Consumidor 101
Código de ética 100
Competição 67
Comportamentos 67
Comunicação 2, 3, 18, 24, 48, 131, 171
  bem definida 171
  de grupo 4
  empresarial 89, 111
  externa 111
  interna 111, 126, 144
  interpessoal 4
  intrapessoal 4
  na empresa 110
  na hipermodernidade 11
  não verbal 82
  sem complicação 186
  sem comunicação 95
Concentração 68
Concorrência 172
Conflitos 1
Consumidor 60, 101
Convivência das diferenças 32
Critério vicioso 46
Cultura 156
  da comunicação 97
  da empresa 17
  do diálogo 13, 57, 71, 184
  do vazio 10

D
Decodificação 28
Democratização da informação 90

Diálogo 141
Dimensão estratégica 179
Direito à comunicação 60
Direito à informação 105
Distraído 66

E
Educação 11, 69
Eficácia na comunicação 46
Elementos da comunicação 27
Emissor 27
  Empatia 68
Empresa cidadã 18
Endomarketing 127, 152
Entrelinhas 68
Equilíbrio 69
Era da informação 8, 133
Era do conhecimento 90, 133
Erro de comunicação 1
Escamoteação de informações 46
Estímulos 37
Estratégia 132
Ética 15, 16, 19
Expressão verbal e oratória 22

F
Falta de diálogo 1
Falta de visão estratégica 171
Feedback 26, 40, 42, 43, 44, 45, 46, 78
Fluxos de comunicação na empresa 113
Fonte 27
Francisco Gomes de Matos 8
Frases para reflexão individual 187
Frases que emperram a comunicação 74
Frustração 48
Função estratégica
  da comunicação interna 125
Função estratégica de resultados 118

G
Generalizações 48
George Orwell 21

Gestão 89
Gilles Lipovetsky 11
Gillo Dorfles 4

H
Hábito de leitura 41
Hábitos arraigados 48
Hipermodernidade 9
Humanizando o trabalho 138

I
Imagem institucional 92, 94
Imparcialidade 69
Indagação 68
Indiferente 66
Informação 18, 24
  sem comunicação 26
Integração 141, 157
Intenção na comunicação 38
Interação humana 97
Interação líder/equipes 64
Interpessoal 111
Intrapessoal 111

J
Jesse Nirenberg 36
Jornalismo 29

K
Kaspar Hauser 14

L
Lei de Acesso à Informação 101
Líder 63
Limites da conversação 144
Língua 28
Linguagem 13, 28
  escrita 47
  falada 47

M
Martin Buber 145
McLuhan 20

Mediação 71
Mensagem 27, 29
Mitos 48
Modelo comunicação sem complicação 184
Motivação 140
Mudanças com eficiência 137

N
Níveis de atenção 65

O
Observação 69
Ombudsman 102, 109, 110
Organização transparente 173
Ouvidoria 59

P
Paulo Freire 51
Pedagogia do "saber ouvir" 12
Percepção 35, 39, 68
  sensorial do feto 13
Perfil do consumidor 130
Pesquisa 151, 153, 157
  de valores e comportamento 151
  qualitativa 153
  quantitativa 154
  temática 154
Pessimismo 67
Peter Drucker 90
Plano estratégico 137
Política de comunicação 136, 171
Procedimentos na comunicação 176
Processo da comunicação 23, 27
Projeto Genoma 20

Q
Questionários 155

R
Receptor 27
Regra de ouro na comunicação 86

Reinaldo Polito 22
Relação chefe/subordinado 64
Relações interpessoais 129
Respeito 68
Responsabilidade social 15
Retorno (*feedback*) 40
Rivalidades interdepartamentais 47
Ruído 28

S
Saber ouvir 13
Serviços de atendimento aos clientes 171
Signos 28
Silêncio 68
Símbolo de *status* 46
Situações psicológicas 48
Sociedade do conhecimento 8, 10
Sociedade informacional 26
Solidariedade 18
Sucesso do diálogo 98

T
Tecnologia da informação 20
Teoria da comunicação 83
Termômetro do clima organizacional 151
Timidez 67
Tom Peters 20
Transmissor 29
Transparência 115

V
Valores e costumes 67
Valorização humana 157
Vantagens pessoais 46
Visão estratégica 171

W
Warren Weaver 5
Werner Herzog 13